JOANA HEINEN

Oder Nicht Oder Doch

HINTER ROSAROTEN FASSADEN

Heinen Lovebrands Verlag

Impressum

Joana Heinen
Oder Nicht Oder Doch
Hinter rosaroten Fassaden
ISBN: 978-3-9821206-8-3

Heinen Lovebrands Verlag
Ein Verlag der Heinen Lovebrands GmbH
Copyright © 2022 Heinen Lovebrands GmbH, Hafenweg 26a, 48155 Münster
www.heinenlovebrands.com
www.heinenlovebrands-shop.com

1. Auflage 10/2022

Die Autorin hat dieses Buch nach bestem Wissen und Gewissen verfasst. Dass sich dennoch kleine Fehler ihren Weg ins Buch gebahnt haben, kann nicht ausgeschlossen werden. Der Verlag und die Autorin übernehmen hierfür keine Haftung. Einige Namen wurden aus Gründen des Datenschutzes geändert.

Projektkoordination: Alina Heimann
Beratende Autorin & Lektorat: Lilly Adam
Korrektorat: Lena Brombacher
Gestaltung: Jana Matthäus, Annemarie Ahlers
Foto Cover: Melisa Balderi
Fotos Inhalt: Joana Heinen, Niklas Heinen, Melisa Balderi, Carolina Klusacek
Layout und Satz: Svenja Kavermann, Maike Melzer
Druck und Bindung: Fromm + Rasch GmbH & Co. KG, Osnabrück

Printed in Germany

Heinen LOVEBRANDS

Für **meinen Foto-AG-Lehrer,** den ersten Menschen,
der mich wirklich gesehen hat.

Wenn ich in meinem Leben nur für einen einzigen Menschen
das sein kann, was er für mich war,
habe ich alles richtig gemacht.

Inhaltsverzeichnis

Hallo, schön, dass du da bist!

Das, was du hier in deinen Händen hältst, ist der mutigste Schritt, den ich je gegangen bin. Der Gedanke, ein Buch zu veröffentlichen und endlich all die Gefühle und Erlebnisse aufzuschreiben, die ich schon so lange tief in mir versteckt halte, schlummert bereits seit Jahren in mir. Oft habe ich auf *Instagram* hier und da angedeutet, dass ich ein Buch schreiben möchte. Ich dachte, es wäre damit wie mit dem Sport – wenn man es einmal erzählt, muss man es durchziehen. Aber so einfach war es leider nicht.

In den vergangenen Jahren habe ich immer wieder angefangen, zu schreiben – und immer wieder habe ich alles verworfen. Diesmal war es irgendwie anders. Plötzlich fühlte es sich richtig und gut an. Es scheint, als wäre ich erst jetzt wirklich bereit für all die Ehrlichkeit und das Feedback auf meine Geschichte, die ich nun öffentlich teile.

Ich hoffe, dass dich meine Worte dazu ermutigen, immer an dich selbst zu glauben. Dass du anhand meiner Erfahrungen erkennst, dass es immer wieder Licht gibt, egal, wie dunkel es zwischendurch auch aussehen mag. Ich möchte deinen Blick für all die Türen in deinem Leben schärfen, die mal direkt vor deiner Nase offen stehen und mal im Trubel des Lebens versteckt sind. Finde den Mut, durch diese Türen hindurchzugehen und du wirst staunen, was sich hinter ihnen verbirgt.

Sei mutig. Sei echt. Sei du.

Ja, wo fange ich bloß an?

Ich hatte eine schöne und unbeschwerte Kindheit und bin das älteste von drei Geschwisterkindern – ein fantasievolles und fröhliches Mädchen. Ideen wollte ich schon immer am liebsten SOFORT umsetzen und tat dies meist auch erfolgreich und mit dem größtmöglichen Chaos. Die Kinder der Nachbarschaft spielten immer in unserem Garten, denn ich hatte nicht nur die größte Motivation, täglich sämtliche Spielsachen aus dem Keller, den Zimmern, der Garage und vom Dachboden anzuschleppen, sondern auch Eltern, die all das mit einer Engelsgeduld mitmachten. Bei meinen spontanen Aktionen wurde ich nur sehr selten in meine Schranken verwiesen, auch wenn sich bei meinem Vater noch heute die Nackenhaare aufstellen, wenn er das Quietschen der Dachbodenluke hört, hinter der sich schon immer die besten Spielsachen versteckt haben. Auch heute sind meine sechs Jahre jüngere Schwester Alina mit Mann und mein eineinhalb Jahre jüngerer Bruder Steffen mit seiner Frau die Menschen, die mir neben meinen Eltern, meinem Mann Niklas und meinen beiden Jungs am nächsten stehen. Ich könnte nicht glücklicher darüber sein, dass auch sie in Münster ihre neue Heimat gefunden haben. Hier leben wir nämlich – in der für mich schönsten Stadt der Welt. Also zumindest meine Geschwister und meine eigene kleine Familie. An meinen Eltern arbeite ich noch.

Mehr möchte ich eigentlich gar nicht vorwegnehmen. Wir springen auf der Zeitachse lieber direkt weiter, lassen die Wackelzahnpubertät aus und gehen über zu meiner Zeit am Gymnasium.

Ich nehme euch nun mit auf eine Reise und hoffe, dass ihr euch etwas aus meiner Geschichte mitnehmen könnt.

Ein Abgang mit Halskrause

In meiner Schulzeit war ich dünn, blass und im Vergleich zu den anderen Mädchen in meiner Klasse eher klein. Auf dem Gymnasium lautete mein Spitzname deshalb „kleine Jojo", denn neben mir gab es noch eine andere Joana, die mich um einen ganzen Kopf überragte – die „große Jojo" also. Jahrelang gingen wir in dieselbe Klasse, spielten in derselben Handballmannschaft und besuchten denselben Konfirmationsunterricht. Die „große Jojo" war nicht nur größer als ich, sondern auch lauter und cooler. Sie war eine von den Mädchen, die man nachmittags mit ihrer Clique auf dem Sportplatz antraf. Zum Abhängen mit den Jungs natürlich, nicht um Sport zu treiben. In meinen Augen war sie beliebt und erfolgreich, spielte besser Handball als ich und durfte durchgehend übers Spielfeld rennen, während ich auf der Bank saß und in den letzten Spielminuten nur deshalb eingewechselt wurde, damit ich wenigstens im Nachhinein das Gefühl hatte, mitgespielt zu haben und ein Teil des Teams zu sein. Ich war in jeder Hinsicht die „kleine Jojo". Ich stand nicht nur im Schatten der „großen Jojo", ich war nahezu unsichtbar.

Vielleicht hätte ich mich noch ewig für eine kleinere und schlechtere Kopie der anderen Jojo gehalten, wären wir nicht mit unserer Handballmannschaft aufgestiegen. Denn das brachte so einige Änderungen mit sich. Der Aufstieg bedeutete Oberliga, härteres Training, Auswärtsspiele, auch am Wochenende, und immer seltenere Einsätze für mich, denn nun ging es schließlich um etwas. Der Sieg war wichtiger, als der „kleinen Jojo" das Gefühl zu geben, dabei gewesen zu sein. Und ich hatte absolut nichts dagegen. Ganz im Gegenteil. Ich tat einfach das, was ich am besten konnte: unsichtbar sein. Wenn der Trainer nach dem Spiel schockiert feststellte, dass ich ja gar nicht eingewechselt worden war, sagte ich: „Nicht schlimm." Jedes Mal – und ich meinte es auch so. Ich hatte schon vor dem Aufstieg keinen großen Spaß mehr an meinem Lieblingssport gehabt, doch unter einem solchen Druck auf dem Spielfeld hin und her zu rennen – wenn ich denn ausnahmsweise eingewechselt wurde – und für jeden nicht gefangenen Ball ein Augenrollen meiner Mitspielerinnen zu kassieren, löste nun endgültig Abneigung gegen jeden Trainings- und Spieltag in mir aus. Also überließ ich das Spielfeld komplett der „großen Jojo" – die konnte das ja schließlich sowieso viel besser.

Weil ich aber dennoch irgendwie Teil des Teams war, schleppte ich mich wie auf Autopilot weiterhin zweimal wöchentlich zum Training. Irgendwann saß ich auch dort nur noch auf der Bank und wünschte, ich wäre wirklich unsichtbar. Oder einfach nicht mehr in dieser stickigen Turnhalle voller Menschen, die mich gerne übersahen. Ich hatte nun regelmäßig so starke Magenschmerzen während des Spielens, dass ich kaum noch aufrecht laufen konnte – ein Warnsignal meines Körpers dafür, dass ich mich unerträglich fehl am Platz fühlte. Doch dieses Signal konnte ich damals noch nicht zuordnen.

Statt mich also aus der Situation zu befreien und mit dem Handballspielen aufzuhören, suchten meine Mutter und ich bei unserer Hausärztin, im Krankenhaus und schließlich bei einem

Spezialisten nach der Ursache für meine unerträglichen Schmerzen. Doch da war nichts Körperliches, kein messbarer Auslöser. Die Antwort der Ärzt*innen lautete stets: „Vielleicht ist es psychosomatisch bedingt." Das war absolut richtig, damals jedoch für mich nicht verständlich formuliert. Statt mir Gedanken darüber zu machen, was das denn tatsächlich bedeutete, interpretierte ich die Worte so: „Das bildest du dir nur ein." In den folgenden Wochen hatte ich schon lange vor dem Betreten der Sporthalle Schmerzen, sodass ich gar nicht erst hinging. Meine Tage waren geprägt von der Angst vor dem nächsten Training und dem nächsten Spiel – und trotzdem kam es mir nie in den Sinn, etwas an meiner Situation zu verändern. Ich war festgefahren wie ein Saugroboter hinterm Sofa. Ohne Hilfe von außen wäre ich da nicht mehr rausgekommen.

„Komm doch zu uns", sagte meine Freundin Anneke eines Tages, als ich ihr davon erzählte, wie blöd ich die Oberliga fand und dass ich eigentlich nur noch auf der Bank saß.

„Komm doch zu uns." Diesen Satz sagte sie einfach so, als wäre nichts dabei! Ich kann mich heute noch daran erinnern, dass ich sie angestarrt habe wie ein Auto. Was für ein Gedanke! Ein anderer Verein? Undenkbar, oder? Wir waren zwar Freundinnen, doch ihre Handballmannschaft hatte ich bisher immer nur als den Gegner betrachtet. Als Mannschaft, die wir durch den Aufstieg abgehängt hatten.

Da sollte ich jetzt spielen? Freiwillig eine Liga abrutschen? Und falls ich es täte, würde die Mannschaft mich überhaupt wollen, geschweige denn mögen, wenn ich doch eigentlich bisher der Feind gewesen war?

Ich entschied mich zu meiner eigenen Überraschung dazu, all meine Zweifel kurz beiseitezuschieben, und ging mit Anneke zum nächsten Training. Erst mal nur gucken. Mein Plan war simpel: Ich würde wieder unsichtbar auf der Bank sitzen, wie ich es immer tat. Dieser Masterplan scheiterte allerdings bereits beim Betreten der Halle, als ich neugierig und unerwartet freundlich begrüßt und aufgenommen wurde. Das Team behandelte mich weder wie eine Feindin noch wie jemanden, der unsichtbar war. Hier kannte niemand die „große Jojo", also war ich für sie auch nicht die „kleine Jojo". Hier war ich Joana und ich war willkommen.

Ich spielte das ganze Training ohne den sonst so routinierten Blick auf die Uhr an der Hallenwand. Ich spielte einfach. Ohne Sportzeug. Ohne Druck. Und ohne Magenschmerzen.

Das ist sie: Meine Bestimmung

Ermutigt durch das neue Gefühl, nicht unsichtbar zu sein, gab ich dem Betteln einer anderen Freundin nach und begleitete sie in der sechsten Klasse zur Theater-AG. Bis heute weiß ich nicht mehr genau, was an diesem Tag wirklich geschehen ist, aber ich ging mit einem ausgedruckten Booklet nach Hause, um die Texte für meine Hauptrolle in der Weihnachtsaufführung zu proben. Bei den Wörtern „Weihnachtsaufführung" und „Hauptrolle" hat man wahrscheinlich folgendes Bild von mir vor Augen: Die zierliche, blonde Joana als Engel vor der Krippe. Das Mädchen, das die frohe Botschaft überbringt. Aber nein, ich hatte beim Vorsprechen für den Knecht Ruprecht das große Los gezogen. Definitiv mal eine ganz neue Herausforderung für mich.

Während der letzten Proben für das Theaterstück sollten ein paar Fotos für die Schülerzeitung festgehalten werden. Dafür war

die Foto-AG zuständig, die eigentlich nur aus zwei Oberstufen-
schülerinnen bestand, die mir – zumindest vom Gesicht her –
entfernt bekannt vorkamen. Die Leitung hatte ein mir unbe-
kannter Lehrer, den man rein optisch wohl in die Kategorie
„seltsamer alter Kauz" einordnen könnte. Er passte so gar nicht
an unsere Schule, denn er war älter als der Rest des Kollegiums,
wirkte grau und etwas staubig, und hatte eine gewisse Aura, die
mich auf der einen Seite gruselte und auf der anderen Seite wahnsinnig faszinierte. Ihn umgab eine Magie, die ich nicht beschreiben konnte, und auch heute kaum in Worte fassen kann. Dieser
Lehrer wirkte auf mich wie ein weiser alter Bibliothekar voller
Geheimnisse und mit Kameras statt Büchern im Gepäck. Es
schien, als wäre er plötzlich durch eine Geheimtür in der Aula
aufgetaucht, die er für mich einen Spalt offen gelassen hatte.

Es war die Aussicht auf etwas Neues, das nur für mich bestimmt war. Ich war so überwältigt von meiner Neugierde und
diesem magischen Gefühl, dass ich meine eigentliche Aufgabe
auf der Bühne komplett vergaß. So, wie ich fest an die Liebe auf
den ersten Blick glaube, bin ich mir auch sicher, dass man es
spürt, wenn man seine Bestimmung findet – und da war sie.

Am nächsten Tag entdeckte ich in einer unauffälligen Ecke des
Schwarzen Brettes einen Zettel mit dem Aufruf für neue Mitglieder der Foto-AG. Ich weiß nicht, wie lange dieser Zettel schon
dort gehangen hatte. Möglicherweise schon Wochen – ich hatte
ihn vorher einfach nicht wahrgenommen. In Kürze sollte es eine
Art Casting geben, denn die Anzahl der Mitglieder sei begrenzt,
hieß es. Okay, dann müsste ich mich also ins Zeug legen.

Noch nie zuvor hatte ich ein Geheimnis vor meinen Mitschüler*innen gehabt, das ich so hütete wie dieses. Nie war mir etwas
so wichtig gewesen. Voller Vorfreude und Angst zählte ich die
Tage bis zum großen Casting. Selbst die Weihnachtsaufführung,

vor der ich noch wenige Wochen zuvor ordentlich Muffensausen gehabt hatte, erschien mir plötzlich belanglos. Nichts war mehr so wichtig wie die Aufnahme in die Foto-AG. Da war ein tiefes Gefühl in mir. Diese AG bedeutete mir so viel mehr, sie war nicht einfach nur ein netter Zeitvertreib am Nachmittag. Und als wäre der Zettel am Schwarzen Brett wirklich nur für mich bestimmt gewesen, saß ich an dem Tag, dem ich so intensiv entgegengefiebert hatte, ganz allein als neue Bewerberin zwischen den zwei Mädels und dem alten Lehrer in einem Kellerraum, der ihnen als Fotolabor diente. Eins war sofort klar: Hier bin ich richtig.

Nach dem Tag des Castings, aus dem ich als stolzes neues Mitglied der Foto-AG ging, hatte ich das Gefühl, durch eine Tür in eine völlig andere Welt getreten zu sein. In dieser Welt hatte ich plötzlich einen Lebensinhalt und eine Vision: Ich würde Fotografin werden.

Das war nicht nur einer dieser impulsiven Gedanken, wie man sie als junger Mensch öfter mal hat, wenn man etwas Neues gefunden hat, das man cool findet. Ich wollte in den Jahren davor auch schon Hebamme oder Archäologin werden, Eiskunstläuferin oder Ballerina – alles Ideen, die sich nie lange hielten und genauso schnell wieder verschwanden, wie sie aufgetaucht waren. Das mit der Fotografie war etwas ganz anderes.

Mein neuer alter Lehrer, der längst pensioniert war und die Foto-AG einzig und allein aufgrund seiner Liebe zur Fotografie leitete, wurde für mich zu einem engen Vertrauten. Meine Eltern fanden es anfangs zwar mehr als ungewöhnlich, dass ihre 15-jährige Tochter mehr Zeit mit einem fast 70-Jährigen in dessen Wohnung verbrachte, als sich mit Gleichaltrigen zu verabreden, aber sie sahen meine unstillbare Energie, meinen Wissensdurst und erkannten auch das Talent, das sich recht schnell offenbarte.

So lernte ich innerhalb kürzester Zeit alles über die analoge Fotografie. Neben mir bestand die AG, wie bereits gesagt, aus den beiden älteren Schülerinnen, aber ich war nicht selten die einzige Anwesende. Mit einem Belichtungsmesser ausgestattet zogen wir los und mein Lehrer ließ mich Helligkeiten schätzen und Belichtungszeiten einstellen, wir rechneten an großen Schultafeln stundenlang mit irgendwelchen Crop-Faktoren, experimentierten mit verschiedenen Schwarz-Weiß-Filmen und Empfindlichkeiten, schauten uns rot-grüne Punkte und Linsenfehler mit Vergrößerungsgläsern an und machten Ausflüge mit der Kamera, um Gesichter zu sammeln. Ich saugte all das auf, obwohl ich schon damals wusste, dass mit der Digitalfotografie, die zu dieser Zeit schon recht weit entwickelt war, zukünftig alles viel einfacher sein würde. Mit Steinchen und Blättern legte ich auf weißem Papier voller Hingabe Bildkompositionen, die er als „spannend", „harmonisch", „unausgeglichen" oder „zu abstrakt" bewertete. Bei Sonnenschein zogen wir durch die Wälder, auf der Suche nach Lichtstrahlen, die durch das Dunkel fielen. Diese fingen wir mit der Kamera ein wie kostbare Glühwürmchen, entwickelten die Abzüge bis spät in die Nacht in der Dunkelkammer der Schule und erfreuten uns an den entstandenen Fotos, als hätten wir einen kostbaren Schatz gefunden. Und irgendwie war es auch so.

Für eine Weile konnte nichts meine Glückseligkeit durchbrechen. Bis zu dem Tag, an dem meine heile Welt plötzlich ins Schwanken geriet. Meine beiden besten Freundinnen, die die einzigen Menschen waren, die ich annähernd so oft sah wie meinen Fotografie-Lehrer, verkündeten, dass sie ein Auslandsjahr in den USA absolvieren würden. Etwas, das finanziell für mich und meine Familie einfach nicht drin war. Ich blieb also allein zurück. Naja, nicht ganz allein. Da gab es noch meinen festen Freund, meine erste große Liebe. Der Schulschwarm des

Erstes Selbstporträt, analog, Foto-AG

Erste digitale Studioaufnahme, Foto-AG

Dorfleben

Nachbargymnasiums, den ich auf einem Geburtstag kennengelernt hatte. Er war so alt wie ich, Handballer, groß, hatte dunkle Haare, grüne Augen und eine Stimme, die so tief war, dass sie in meinem Bauch kribbelte. Ich war sofort hoffnungslos bis über beide Ohren verliebt und konnte mein Glück kaum fassen, dass es ihm wohl ähnlich ging. Wir führten die Art von Beziehung, in der man sich stundenlang einfach nur anschaut und das Herz vor Glück zu platzen droht. In der man am Telefon nicht auflegen will und dem H.D.G.G.G.D.L. am Ende der SMS nicht genug G.s hinzufügen kann, um das auszudrücken, was man empfindet. Wenn ich an seiner Hand durch die Stadt ging, wollte ich am liebsten herausschreien: „Schaut mal, der hier gehört zu mir! Schaut doch mal!" Mit ihm erlebte ich all die magischen ersten Male, er brachte mein Herz dazu, schneller zu schlagen, und machte die Schmetterlinge in meinem Bauch ganz verrückt. Mit ihm an meiner Seite würde ich die Zeit ohne meine Freundinnen schon überstehen, dachte ich. Doch es kam anders als erhofft.

Kurze Zeit nach dem Abflug meiner Freundinnen zerbrach die Beziehung nach neun intensiven Monaten auf eine Weise, die mich in ein tiefes Loch stürzen ließ. Da war kein Knall und kein Grund. Nur ein leise von ihm gemurmeltes: „Ich weiß nicht, ob ich dich noch liebe." Mein Herz krampfte sich zusammen und ich spürte den Schmerz körperlich so intensiv, wie ich es nie für möglich gehalten hätte. Herzschmerz, das sagt man doch nur so, dachte ich bis zu diesem Zeitpunkt. Aber das Herz konnte wirklich schmerzen. Und zurück blieben Verzweiflung, Hilflosigkeit und die einsame „kleine Jojo".

Mein Kopf war gefüllt mit einem einzigen Warum – und dieses Warum wog so wahnsinnig schwer. Es breitete sich in meinem Körper aus wie schwarzer Teer. Es füllte meinen Geist, meine Tage und meine Nächte. Schule wurde für mich zur Tortur, zum Überlebenskampf. Meine schulischen Leistungen gefährdeten meine Versetzung, denn ich hatte spätestens seit der Trennung aufgegeben, in Mathe den Anschluss zu finden. Die Nächte verbrachte ich weinend über meinem Tagebuch oder im Internet, wo ich in den Anfängen der ersten Social-Media-Plattformen einen Blog mit Herzschmerz-Texten füllte oder nach Songs suchte, in denen ich mit meinem Schmerz versinken konnte. Je mehr Zeit ich in meinem Schmerz und im Internet verbrachte, desto müder war ich während des Unterrichts. Konzentriert aufzupassen, klappte nicht, und wann immer möglich, nutzte ich die Schulstunden, um Hausaufgaben für die jeweils nächste Stunde abzuschreiben. Ich hielt mich selbst gefangen in einem Hamsterrad aus Herzschmerz, Müdigkeit, dem vorgetäuschten „Es ist alles in Ordnung bei mir.", der Angst, sitzenzubleiben, gefolgt von der Enttäuschung meiner Eltern und der Aussicht, ein weiteres Lebensjahr an die Schule verschwenden zu müssen.

In dieser Zeit war die Fotografie mein einziger Anker – und mein Lehrer der einzige Mensch, der wirklich das sah, was sich hinter der Fassade verbarg, die ich mit großer Anstrengung aufrechterhielt.

„Joana. Du brauchst kein Abitur, um Fotografin zu werden", sagte er eines Tages wie aus dem Nichts zu mir.

Heute frage ich mich, woher er überhaupt wusste, dass ich mich in der Schule so sehr quälte, denn obwohl ich aufgrund meiner schlechten schulischen Leistungen immer weniger Zeit mit ihm verbringen durfte, um stattdessen zu lernen, hatte ich ihm nie etwas von meinen Problemen erzählt. Möglicherweise habe ich seinem besten Freund und Nachbarn, meinem Physiklehrer, doch unrecht getan, indem ich dachte, er würde mich hassen.

»*Joana*.

DU BRAUCHST

KEIN ABITUR,

UM FOTOGRAFIN

ZU WERDEN.«

Möglicherweise hat er durchblicken lassen, wie schlecht es um meine Versetzung stand und wie sehr ich mich durch sein Fach und fast alle anderen Fächer quälte.

Ich erinnere mich nicht mehr an das ganze Gespräch mit meinem Fotografie-Lehrer, nur noch an diesen einen Satz, der in dicken weißen Buchstaben in mein Schwarz geschrieben wurde. Ein Erwachsener legte mir nahe, die Schule zu beenden, um meinen Traum zu leben. Und er sagte das nicht einfach nur so, er meinte es auch. Ab diesem Tag unterstützte er mich bei meinem Plan, von der Schule zu gehen, und führte lange Telefonate mit meinen Eltern. Diese teilten die Überzeugung ihrer Generation, dass nur ein bestandenes Abitur die Eintrittskarte für ein erfolgreiches Leben darstellte. Mein AG-Lehrer verfasste Empfehlungsschreiben, in denen er mich in den höchsten Tönen lobte, und half mir dabei, ein Portfolio für meine Bewerbungen zusammenzustellen. Meine Eltern waren nicht begeistert, aber unter einer Bedingung einverstanden: Erst mit einem unterschriebenen Ausbildungsvertrag dürfte ich die Schule mit der Mittleren Reife verlassen. Zu diesem Zeitpunkt war ich 16 Jahre alt und das Ende der zehnten Klasse, die ich mit großer Mühe, einigen Nervenzusammenbrüchen, vielen Tränen und Nachhilfe schaffen sollte, stand kurz bevor. Ich war spät dran und sehr jung, aber dieser eine Satz ließ Hoffnung in mir aufkeimen und meine Vision verfestigte sich: Ich werde Fotografin!

Bei jeder Absage, die durch den Briefschlitz geschoben wurde, weinte ich bittere Tränen. Als schließlich die Frist für das Ausbildungsjahr verstrichen war und ich keine Zusage bekommen hatte, war mein Schicksal besiegelt: Ein weiteres Jahr Schule, ein weiteres Jahr Hausaufgaben abschreiben. Aber ich hatte nun etwas, das mich antrieb und mir Kraft gab, auch das zu überstehen und es nach der elften Klasse noch einmal zu probieren.

Mit der Gewissheit, nur noch ein Jahr rumkriegen zu müssen, bevor ich all dem, was mich belastete, den Rücken kehren konnte, fühlte ich mich stark. Ich fing an, gegen die Dunkelheit in mir anzukämpfen und fand eine neue Freundin, bei der ich den gleichen verborgenen Schmerz erkannte. Ich hatte bis dahin kaum Alkohol getrunken oder gefeiert und gab mir zusammen mit Maja alle Mühe, das nachzuholen. Durch die Schule ging ich mit einer „Nach mir die Sintflut"-Einstellung und wählte erst mal alles ab, was ging. Im Gegensatz zu meinen Mitschüler*innen arbeitete ich nicht auf das Abitur hin, sondern wollte nur so einfach wie möglich durchkommen, bis ich einen Ausbildungsvertrag unterschreiben konnte. Ernährungslehre klang einfach. Kunst schriftlich? Nehm ich. Tschüss, Latein, hallo, Spanisch. Religion kann man abwählen? Wunderbar. Es war mir alles so egal.

Die Wochenenden verbrachte ich mit Maja und noch ein paar neuen Bekannten in Dorfdiscos oder auf Privatpartys, und wenn nichts dergleichen anstand, tranken wir zu zweit in ihrem Zimmer und verbrannten gemeinsam alte Erinnerungen an unsere ersten großen Lieben. Ich ersetzte meinen Schmerz durch Bitterkeit und tauschte meine Unsichtbarkeit gegen ein Profil auf *schülerVZ*, mit dem ich anhand meiner ausgewählten Gruppen und sorgfältig kuratierten Fotos der kürzlich durchfeierten Partys gesehen werden wollte. *Er* sollte mich sehen. *Er* sollte sehen, dass es mir gut ging – so viel besser – ohne ihn.

Als Kurzschlussreaktion auf seine Abweisung stürzte ich mich in belanglose, kurze Beziehungen mit Typen, die ich beim Feiern kennenlernte. Ich erinnere mich heute nicht mal mehr an die Namen, es ging mehr um den Beziehungsstatus auf meinem *schülerVZ*-Profil. Ich tanzte, lachte und feierte.

Und ich weinte, weinte und weinte.

Die letzte Matheklausur

Trotz der Selbstzerstörung verlor ich jedoch nie meine Vision aus den Augen: den Traum, Fotografin zu werden. Nachdem es im Vorjahr nicht geklappt hatte, verschickte ich im neuen Jahr nur eine einzige Bewerbung und war mir auf unerklärliche Weise sicher, dass ich die Zusage bekommen würde. Ich sollte recht behalten.

Da ich erst 17 Jahre alt und meine neue Chefin selbst erst 30 Jahre alt und frisch selbständig war, konnte sie mir statt der erhofften Ausbildung nur ein Jahrespraktikum in ihrem Fotostudio anbieten. Für mich war es trotzdem der Befreiungsschlag, auf den ich sehnlichst gehofft hatte, meine Eltern betrachteten es zumindest als Anfang. Ich bekam das Einverständnis, die Schule nach der elften Klasse zu verlassen. Der Gang zur Direktorin war die letzte große Hürde, die ich zu meistern hatte. Danach war ich frei. Endlich.

Die Direktorin erlaubte mir, die Schule bereits zwei Wochen vor den Sommerferien zu verlassen, um das Probepraktikum bei meiner zukünftigen Arbeitsstelle anzutreten. Vorher müsste ich jedoch alle Klausuren mitgeschrieben haben, so ihre Bedingung. Das klang machbar. Wäre es auch gewesen, hätte es diesen Unfall nicht gegeben.

Eigentlich war die Tatsache, dass ich ein ganzes Jahr nach der Trennung weiterhin mit meinem Ex-Freund in der Rock-'n'-Roll-Formation tanzte und der Wunde somit nie die Möglichkeit zum Heilen gab, schon Unfall genug gewesen. Aber dann kam der Tag, an dem ich bei einem gefährlichen Sprung von seinen Schultern mit dem Hinterkopf aufs Parkett knallte. Mein Ex-Freund hatte mich nicht mehr greifen können – und das beschrieb das vergangene Jahr irgendwie sehr gut. Mit dem Sturz besiegelte ich an diesem Tag meine letzte Tanzstunde und verbrachte den Abend mit meiner Mutter in der Notaufnahme.

Ich erinnere mich nicht mehr an sonderlich viel, weiß aber noch, dass ich im Krankenhaus plötzlich alles sehr witzig fand und ständig kichern musste. Der Arzt klopfte mir mit einem Hämmerchen aufs Knie und ich fand es unfassbar lustig. Er erklärte meiner Mutter allerlei Diagnosen und sagte dann: „Sie steht unter Schock." Letzteres war das Einzige, was bei mir ankam, der Rest war für mich Kauderwelsch. Ich bekam eine Halskrause – was ich natürlich total lustig fand – und musste tagelang im Bett liegen. Kein Fernsehen, keine Bücher, kein Computer. Ich konnte auch nicht für die letzte Klausur lernen, die unmittelbar bevorstand – und die ich um jeden Preis mitschreiben musste, um mein Probepraktikum antreten zu dürfen. Ohne Klausur kein Probepraktikum, ohne Probepraktikum kein Jahrespraktikum, ohne Jahrespraktikum kein Schulabgang. So einfach war das.

Ich ging also trotz der Verordnung von strikter Bettruhe und trotz des Verbots, meinen Grips zu sehr anzustrengen, zu meiner letzten Klausur. Ausgerechnet Mathe! Verloren stand ich mit meiner Halskrause und ohne Stuhl vor meinem Tisch mitten im Klassenzimmer, als mein Lehrer den Raum betrat. Ich war umgeben von Gekicher und dem ständigen „Pssst, guck mal Joana!" aus allen Ecken, weil einige es lustig fanden, mir dabei zuzusehen, wie ich mich umständlich und verwirrt mit meiner Halskrause umsah. Irgendein freundlicher Mitschüler fühlte sich dann doch verpflichtet, mir schnell noch einen Stuhl aus dem Klassenzimmer nebenan zu holen. Für die kurze Minute, die ich brauchte, um meinen Namen – und sonst nichts – auf den Klausurbogen zu schreiben und ihn anschließend abzugeben, hätte er sich die Mühe aber auch sparen können.

Ich bin mir sicher: Wäre es das Fach Kunst gewesen, hätte ich garantiert noch die witzigsten Sachen interpretieren können und somit eine reelle Chance gehabt, zu bestehen. Aber hier war ich leider chancenlos. In dem Moment, als mein Kopf mit einem lauten Knall auf den Holzboden geschnellt war, hatte ich mir die Sechs aufs Zeugnis geknallt.

Das war mein letzter Tag auf dem Gymnasium.

Eine neue Stadt

Da ich die letzte Matheklausur offiziell mitgeschrieben hatte – hey, mein Name stand zumindest auf dem Bogen –, war die Bedingung meiner Direktorin für das Probepraktikum erfüllt und so durfte ich also für die letzten beiden Wochen vor den Sommerferien der Schule fernbleiben. Ich setzte alles daran, beim Probepraktikum einen guten Eindruck zu hinterlassen, und glänzte mit meinem Wissen aus der Foto-AG. Nach 14 Tagen hielt ich das Blatt Papier, das für mich gleichbedeutend mit einem Fahrschein in die Arbeitswelt war, in den Händen – meinen Vertrag fürs Jahrespraktikum! Da ich schon vor den Ferien der Schule den Rücken zugewandt hatte, gab es für mich keinen offiziellen letzten Schultag und auch keinen großen Abschied. Ich blieb einfach weg und nach sechs langen Wochen Sommerferien war er plötzlich da: der nächste Schritt auf einem neuen, unbekannten Weg. Eine neue Tür, die für mich offen stand. Und ich ging nicht nur hindurch, ich knallte sie auch mit voller Wucht hinter mir zu. Ich wollte von all dem, was bisher geschehen war, nichts mehr wissen.

Während meine ehemaligen Klassenkameraden und -kameradinnen also auf ein 12. Schuljahr mit Hausarbeiten, Klausuren und dem großen Latinum blickten, fand ich mich auf einmal in der Arbeitswelt wieder. Mit einem kleinen Taschengeld von 150 Euro im Monat, Urlaubstagen und einem Feierabend, der – im Gegensatz zur Schulzeit – auch wirklich ein Feierabend war, denn ich hatte ja weder Hausaufgaben noch musste ich mich auf irgendwas vorbereiten.

Auch wenn ich die schlechten Gefühle, die mich während meiner Schulzeit verfolgt hatten, noch nicht ganz ablegen konnte, war nun Licht in meinem Dunkel. Ein Lichtschein, der dadurch entflammt worden war, dass ich endlich etwas tat, in dem ich meine Bestimmung erkannt hatte.

Mein Arbeitstag begann um 10 Uhr und endete um 15 Uhr, sechs Tage die Woche. Ich wohnte weiterhin bei meinen Eltern, musste für keine Klausuren lernen, keine Hausaufgaben machen und keinen Schulrucksack packen – so ganz begriff ich das noch nicht und wachte nicht selten mitten in der Nacht mit dem Gefühl auf, etwas Wichtiges vergessen zu haben, oder mich packte auf dem Weg zur Arbeit ganz kurz der altbekannte panische Gedanke, dass ich noch jemanden zum Abschreiben organisieren musste. Die Umstellung würde noch ein Weilchen dauern, egal wie fest ich die Tür zugeknallt hatte.

Auch wenn ich bei meinem Jahrespraktikum nicht selbstständig Aufträge fotografieren durfte und manch einer meine Tätigkeit vielleicht als langweilig beschrieben hätte, weil sie zum größten Teil aus Zugucken bestand, erfüllte mich diese Möglichkeit des Lernens mit tiefer Dankbarkeit.

Meine Chefin war damals mit 30 Jahren nur etwas jünger als ich es jetzt bin und wir hatten ein gutes Verhältnis. Sie war in meinen Augen eine gute Chefin und ich glaube, dass sie für mein eigenes Verhalten als Chefin einen wichtigen Grundstein gelegt hat. Was sie tat, tat sie mit Leidenschaft, und sie legte auch keinen großen Wert darauf, was andere machten. Sie wollte ein bestimmtes Ergebnis erlangen, verlor es nicht aus den Augen und erreichte es letztendlich immer irgendwie. In dieser Zeit sog ich alles auf, was sie mir zeigte, wenn ich assistieren durfte. Ich verbrachte Stunden damit, einfach nur neben ihr zu sitzen, wenn sie am Computer Bilder bearbeitete. Zum ersten Mal in meinem Leben hatte ich ein Vorbild – das war noch mal etwas anderes als mit meinem Mentor aus der Foto-AG. Er hat mein Talent erkannt und meinen Weg als Fotografin geebnet, aber er war niemand, dessen beruflichen Werdegang ich für mich selbst in Betracht gezogen hätte. Meine Chefin war eine, zu der ich aufschaute und auf deren Meinung über mich und meine Arbeit ich großen Wert legte.

Die falsche Tür

Neben mir gab es im Fotostudio noch eine Azubine, die etwas älter war als ich, und eine gleichaltrige Jahrespraktikantin, die auf Anhieb meine neue Freundin wurde.

Wir hatten zwar nicht viel gemeinsam, aber da unsere Leidenschaft für die Fotografie so groß war, reichte diese eine Gemeinsamkeit aus, um uns zusammenzuschweißen. Durch meine Freundin vom Praktikum kam ich von meinem gut gepflegten *schülerVZ*-Profil zu *studiVZ*, wo ich mein neues Profil mit einer genauso großen Liebe zum Detail gestaltete und befütterte wie mein altes. Da ich nicht mehr zur Schule ging, fühlte ich mich meinen ehemaligen Mitschülern und Mitschülerinnen überlegen. Getrieben von der Mission, das auch allen zu zeigen – und gleichzeitig mir selbst zu beweisen, dass ich nicht mehr die „kleine Jojo" war –, feilte ich täglich an meiner Selbstdarstellung im Internet. Als ich über meine beiden neuen Kolleginnen dann auch noch auf die Plattform *Model-Kartei* stieß, sah ich eine vielversprechende Karriere vor und hinter der Kamera vor mir liegen. Mit all den Fotos von mir, die sich durch das gegenseitige Fotografieren unter uns Praktikantinnen angesammelt hatten, erstellte ich mir innerhalb eines Tages ein umfangreiches Portfolio und machte in meinem Profil deutlich, dass ich auf der Suche nach Fotograf*innen für TFP-Shootings war. TFP steht in dem Kontext für „Time For Pictures", was so viel bedeutet wie: Model und Fotograf*in arbeiten umsonst und dürfen beide das entstandene Material für ihre Portfolios nutzen. Eine Win-win-Abmachung für Anfänger*innen also. Und tatsächlich kamen durch mein Gesuch recht schnell zwei Shootings zustande, zu denen mich meine Mutter begleitete, da ich mit 17 Jahren noch nicht volljährig war. Diese Abmachung zwischen meiner Mutter und mir änderte sich schlagartig mit meinem 18. Geburtstag. Als hätte der Sprung in die Volljährigkeit nicht nur einen einzigen Tag gedauert, fühlte ich mich über Nacht absolut erwachsen. Mit meiner Unterschrift und ohne meine Eltern um Erlaubnis bitten zu müssen, durfte ich endlich machen, was ich wollte. Ein wahnsinniges Gefühl von Macht und Freiheit, das ich so nie zuvor verspürt hatte, ergriff mich. Im Nachhinein betrachtet, könnte man dieses Gefühl auch mit dem Wort „Leichtsinn" beschreiben.

Kurz nach meinem Geburtstag erhielt ich eine neue Shooting-Anfrage, die sich interessant anhörte. Dass der Fotograf mich sogar dafür bezahlen wollte, klang zusätzlich fast zu schön, um wahr zu sein. Auch, dass er eine Anreise von acht Stunden für unser Shooting in Kauf nahm und sogar ein Hotel buchte, hinterfragte ich in meiner Euphorie nicht. Wer eine große Leidenschaft für Fotografie hegt und vielleicht eine bestimmte Idee umsetzen möchte, nimmt so was ja vielleicht in Kauf, oder? Ich war auf jeden Fall guter Dinge, fragte gar nicht groß nach, was für Fotos er denn so im Sinn hatte, und zog los, ohne meinen Eltern von dem Shooting zu erzählen. Schließlich war ich nun erwachsen und konnte tun und lassen, was ich wollte.

Wie zuvor online vereinbart, traf ich den nett wirkenden Fotografen vor dem Hotel, in dem er aufgrund der „wirklich schönen Zimmer" shooten wollte. Warum auch nicht, dachte ich, es muss ja nicht immer ein weißer Studio-Hintergrund sein. Dass er sich bemühte, mich heimlich an der Rezeption vorbei ins Hotel zu schleusen, kam mir ein bisschen komisch vor, aber gut, ich selbst war bei so was ja auch eher schüchtern. Vielleicht wollte er nur vermeiden, für eine weitere Person zahlen zu müssen.

Nachdem wir unbemerkt an der Dame im Foyer vorbeigegangen waren und den Aufzug wieder verlassen hatten, stand ich also mit einem Fotografen, den ich noch nie zuvor gesehen hatte, in einem Hotelzimmer und unterschrieb einen mehrseitigen Vertrag, den ich nicht groß hinterfragte. Ich hatte nicht die Geduld, alles zu lesen, und es wäre mir in dem Moment auch kleinlich vorgekommen. Da stand bestimmt eh das Gleiche drin wie sonst auch, vielleicht etwas ausführlicher formuliert. Solche Verträge waren üblich wegen der Bildrechte bei Shootings und bestanden meist nur aus einer Seite, auf der das Wichtigste zusammengefasst war – dieser Vertrag war wohl einfach etwas professioneller.

Zugegeben, so normal, wie ich versuchte, mir die Situation einzureden, fühlte ich mich nicht mehr. Irgendwie war das doch alles sehr komisch. Der Fotograf sagte: „Ich schließe mal ab, damit uns niemand stört." Mit diesem Satz hatte ich die Gewissheit, eine große Dummheit begangen zu haben.

Ich war eingeschlossen.

Noch nie in meinem Leben hatte ich so große Angst.

Noch nie in meinem Leben fühlte ich mich so dumm. Von einer Sekunde auf die andere, mit nur einem Dreher im Türschloss, endete meine behütete Kindheit und ich landete im bitteren Erwachsenenleben. Da stand ich nun in all meiner Naivität, hatte mich mit meinen frischen 18 Jahren unbesiegbar gefühlt – und musste mir eingestehen, dass ich noch weit davon entfernt war, wirklich erwachsen zu sein.

In meiner Angst folgte ich den Shooting-Anweisungen des Fotografen wie in Trance. Meine einzige Chance, heil wieder aus dieser Situation herauszukommen, sah ich darin, dass er die Fotos bekam, für die er acht Stunden angereist war. Als es darum ging, dass ich mich komplett ausziehen sollte, kratzte ich mein letztes bisschen Mut zusammen und blieb standhaft bei meinem Nein.

„Das wird dein Durchbruch", versicherte er mir.

Ein Satz, bei dem sich noch heute mein Magen umdreht, wenn ich nur daran denke.

Ich sagte nochmals deutlich und mit so viel Selbstbewusstsein, wie ich aufbringen konnte, Nein und mein Herz schlug mir bis zum Hals. Nach Sekunden der Stille, in denen wir ein stummes Duell mit den Augen führten, schien er sich damit abzufinden. Er drängte mich nicht noch mal dazu, mich komplett auszuziehen, und das gab mir die Kraft, das Spiel weiter mitzuspielen, statt in Tränen auszubrechen und ihn damit eventuell zu verärgern.

Nach einer gefühlten Ewigkeit hatte er alles im Kasten und schien zufrieden mit sich und seinen Fotos von mir, sodass er endlich die Tür aufschloss und mich gehen ließ. Noch immer wie in Trance nahm ich den Aufzug, passierte die Rezeption wieder unbemerkt und saß endlich in meinem Auto. Erst dort erlaubte ich mir, zusammenzubrechen. Ich weinte und zitterte nur noch, weil ich so unfassbares Glück gehabt hatte, mehr oder weniger heil aus der Nummer rausgekommen zu sein. Ich war so dumm gewesen, aber mir war nichts passiert. Er hatte mich nicht angefasst, er hatte mir nicht körperlich wehgetan. Sollte er mit seinen Scheißbildern doch machen, was er wollte. Auf mein Profil würden sie niemals kommen und damit würde es auch nie jemand erfahren. Dachte ich.

Ein paar Wochen später war die Hotelgeschichte nur noch etwas, das ich ganz hinten in meinen Erinnerungen abgelegt hatte, um sie hoffentlich irgendwann zu vergessen. Bis auf einen guten Freund, dem ich vertraute, hatte ich niemandem von dem Vorfall erzählt. Nur dieser Freund kannte die Geschichte und die Fotos, die der Fotograf mir auf eine CD gebrannt und zugeschickt hatte. Ich wollte sie nicht mal auf meinen Computer übertragen, wollte sie nie wieder ansehen müssen. Nie mehr mit ihnen konfrontiert werden.

Einige Tage, nachdem ich die CD erhalten hatte, saß ich, wie meistens nach der Arbeit, in meinem Zimmer am Computer, als mir ein Bekannter per *ICQ* einen Link mit der folgenden Nachricht schickte: „Bist du das??" Ohne den Link angeklickt zu haben, wurde mir schlagartig schlecht. In diesem Moment zerbrach meine Welt in tausend Teile. Alles ging so schnell. Im Minutentakt trudelten auf allen damals gängigen Plattformen Nachrichten von schockierten ehemaligen Mitschüler*innen ein, die mir diesen Link und die immer gleiche Frage schickten: „Bist du das??" Hinter dem Link verbarg sich eine Plattform, die von dem Fotografen geführt wurde und die der ekelhaften Neigung zu sehr, sehr jungen Mädchen nachging. Ich war nun eines dieser Mädchen. Ich war nun eines dieser minderjährig aussehenden

Mädchen mit Fantasienamen, deren Galerien man nach Bestätigung der Volljährigkeit kostenpflichtig anschauen und downloaden konnte. Als Aufmacherfoto der Plattform hatte der Fotograf ein Bild von mir so hinter seinem Logo platziert, dass es aussah, als wäre ich nackt. Die Website und das Ausmaß dessen, was ich getan hatte, trafen mich wie ein Faustschlag mitten ins Gesicht.

Innerhalb eines einzigen Tages wandelte sich mein Image von der „kleinen Jojo" zur Stadtschlampe. Die schockierte Nachbarschaft rief meine Mutter an, mein Vater wurde auf der Arbeit damit konfrontiert, meine Geschwister wurden an ihren Schulen im Gang darauf angesprochen. Auf der Schultoilette musste mein Bruder feststellen, dass jemand die Wände mit meinen Fotos tapeziert hatte. Wildfremde Menschen schrieben mir über diverse Social-Media-Plattformen. Die Fakten, die schon schlimm genug gewesen wären, wurden dadurch, dass man die Fotos nur sehen konnte, wenn man einen Personalausweis hochlud und Geld bezahlte, immer schwammiger und sensationeller verbreitet.

„Bist du die, die den Porno gedreht hat?", schrieb mir eine.

Es wurde immer schlimmer, niemand kannte die echte, wirkliche Wahrheit. Und es fragte mich auch keiner danach. Niemand interessierte sich für das, was ich zu sagen hatte. Alle waren viel zu beschäftigt damit, diese neue Nachricht – ob wahr oder nicht – an alle zu verbreiten, die sie vielleicht noch nicht gehört hatten.

Auch meine Chefin bekam Wind von der Sache und rief mich umgehend an. Sie könne mich nun nicht mehr weiter als Praktikantin beschäftigen, teilte sie mir mit. Menschen, die ich vorher als gute Freunde und Freundinnen bezeichnet hatte, wollten schlagartig nichts mehr mit mir zu tun haben.

„Das hätte ich nicht von dir gedacht!", sagte eine andere.

Ein Fehler, ein einziger Tag und mein Leben lag in Scherben. Ich konnte kaum weinen, meine Mutter dafür umso mehr. Selbst mein sonst so entspannter Vater hatte hart damit zu kämpfen, die Fassung zu bewahren. Niemand war sauer auf mich. Es gab keine Standpauke und das war von allem eigentlich das Allerschlimmste. Es war diese grenzenlose Enttäuschung über diese unfassbare Dummheit ihrer Tochter, die so schwer auf mir lastete, dass ich sofort und für immer von meiner Dunkelheit verschluckt werden wollte.

Wenn sich eine Tür schließt, öffnet sich eine neue

Ich fühlte mich wie betäubt, verbrachte die Tage in meinem Zimmer und wollte niemanden sehen. Mich wollte auch niemand sehen. Mein Handy blieb stumm, *ICQ* öffnete ich nicht mehr. Die imaginäre Mauer um mich herum hatte eine beachtliche Größe angenommen. Die Dornenhecke um das Dornröschenschloss wäre neidisch gewesen.

Ich hätte mich wahrscheinlich einfach aufgegeben und mich mit der Situation abgefunden, aber mein Vater war wild entschlossen, die Fotos verschwinden zu lassen. Er telefonierte und telefonierte. Mit dem Fotografen. Mit meiner ehemaligen Chefin. Mit deren Schwester, die Anwältin war. Ich erinnere mich nicht mehr an die Reihenfolge und nicht mehr daran, wie viele Tage das so ging, ich erinnere mich nur noch an das Gefühl. Das Gefühl der Hilflosigkeit und der Scham, weil ich wie ein kleines Kind neben meinem Vater saß, während er alles in Bewegung setzte, um zu retten, was es zu retten gab. Auch wenn ich glaube, dass es meiner ehemaligen Chefin wahrscheinlich hauptsächlich aus professionellen Gründen darum ging, die rufschädigenden Bilder ihrer Ex-Praktikantin schnellstmöglich aus dem Internet zu verbannen, bin ich ihr von Herzen dankbar für ihre Hilfe. Sie war gut zu mir und hat getan, was auch ich getan hätte: Das geschützt, was ihres war – ihren Ruf und meinen gleich ein wenig mit. Und obwohl sie mich nicht mehr als Praktikantin beschäftigen, geschweige denn als Auszubildende übernehmen konnte, ließ sie mich nicht hängen. Nachdem mit einer hohen Geldsumme – die ich mir von meinen Eltern leihen musste – und einem neuen schriftlichen Vertrag alles mit dem Fotografen geklärt war und die Bilder endlich nicht mehr online abrufbar waren, wurde mir klar, dass ich einen Schlusspunkt hinter dieses Kapitel setzen musste, wenn ich denn irgendwann weitermachen wollte. Ich musste nun aus meiner Ecke kommen, aufstehen und weitergehen, weil ich auf verbrannter Erde kauerte. Hier gab es nichts mehr für mich. Wie in all den Mittelalter-Romanen, in denen die weibliche Hauptfigur wegen irgendeiner Nichtigkeit aus der Stadt geworfen wird und sich allein durch die Wälder schlagen muss, um dann dank vieler harter Prüfungen und Hürden als starke und unabhängige Frau ihr Glück zu finden, würde ich aufbrechen müssen. Das war nun meine einzige Möglichkeit.

Ich wusste also, was zu tun war, und doch fiel mir jeder weitere Schritt so unendlich schwer. Ich fühlte mich nur noch müde und leer. Zu jedem Schritt mussten mich meine Eltern förmlich zwingen.

„Joana, jetzt such dir doch mal Fotostudios raus, bei denen du dich bewerben kannst!"

„Joana, jetzt formulier doch mal deine Bewerbung und deinen Lebenslauf!"

„Joana, jetzt stell dir doch mal dein Portfolio zusammen."

„Joana, jetzt mach doch endlich mal die Bewerbungsfotos."

„JOANA, JETZT WACH ENDLICH AUF!!!"

Den letzten Satz haben meine Eltern nie gesagt, aber bestimmt häufig gedacht. Vielleicht haben sie mich in Gedanken an den Schultern gepackt und geschüttelt. Vielleicht hätte ich mich ganz leicht zwischen ihren Händen angefühlt. Eine leere Hülle, denn da war nichts mehr in mir, nur noch das kleine, fast erloschene Leuchten einer Vision. Das Leuchten des Traums, Fotografin zu werden. Das hielt mich wach – gerade so.

Als würde jeder einzelne der quälend hoffnungslos verfassten Bewerbungsbriefe eine tonnenschwere Last enthalten, schleppte ich sie zum Briefkasten und warf sie ein. Ohne jegliche Erwartungen. Das neue Ausbildungsjahr stand kurz bevor, welcher Ausbildungsbetrieb würde zu dem Zeitpunkt noch jemanden suchen? Der Gedanke, als letzte Möglichkeit an meine alte Schule zurückzukehren und dann einen Jahrgang unter meiner alten Stufe zu hocken, schnürte mir die Luft ab. Das war für mich absolut keine Option. Es musste sich einfach jemand melden. Irgendwer. Ich hätte alles genommen – und ich habe auch so ziemlich alle Fotostudios in ganz Deutschland angeschrieben. Wählerisch zu sein, konnte ich mir nicht erlauben.

Waren Tage oder Wochen vergangen?

Wie kann man das sagen, wenn sich ein Tag wie eine Woche anfühlt? Aber irgendwann war er dann da, der Tag. War sie da, die E-Mail. Ein Fotostudio aus Münster schrieb: „Wir würden dich gern kennenlernen."

Endlich erwachte ich aus meiner Trance und konnte wieder weinen. Ich weinte schluchzend all die Tränen, von denen ich dachte, dass ich längst keine mehr hätte. Rotz und Wasser heulen ist nicht nur eine Redensart – es war mein ganz realer Zustand in diesem Moment. Unter der E-Mail stand eine Telefonnummer. Ich rief sofort an und vereinbarte ein Bewerbungsgespräch. Ich wusste: Das ist sie. Die neue Tür. Als hätte man einen Schalter umgelegt, fiel all die Schwere von mir ab. Da war keine Betäubung mehr, auch kein kleines Licht. Dieser eine Funke hatte gereicht, um ein neues Feuer in mir zu entfachen. Es war keine Hoffnung, sondern Gewissheit: Es würde weitergehen.

Münster würde meine neue Heimat werden. In Münster konnte ich neu anfangen. In Münster würde ich mein Glück finden.

Himmelblau

Auch wenn die größten Schweißflecken der Welt garantiert beeindruckend waren, überzeugte ich beim Bewerbungsgespräch eher durch mein Portfolio und auch durch das Leuchten, das mich immer umgab, sobald ich über Fotografie sprach. Für das Fotostudio war ich durch das vorangegangene, wenn auch frühzeitig beendete, Jahrespraktikum und die Erfahrung durch die Foto-AG ein echter Gewinn. Ich war zwar erst 18 Jahre alt, aber dafür erfahren und einsetzbar wie eine Azubine im zweiten Lehrjahr. Zunächst erhielt ich die Zusage für ein dreimonatiges Probepraktikum und die Worte des Chefs zu meinem Vater – klar, sie haben telefoniert – waren: „Wenn sie nicht gerade in die Kasse greift, gibt's keinen Grund, warum wir sie nicht für die Ausbildung übernehmen sollten." Das war ein Restrisiko für mich, immerhin war so ein Umzug ohne Einkommen nicht mal eben etwas, das man gern auf der Basis eines dreimonatigen, unbezahlten Praktikums ohne sichere Zusage für die anschließende Ausbildung einging. Aber ich wusste, was ich konnte, und meine Eltern sahen wohl auch ein, dass das meine einzige Chance war.

Also saß ich ein paar Wochen später mit meinen wenigen Habseligkeiten im Auto auf dem Weg in mein neues Leben und hörte ein Lied in Dauerschleife, das für mich noch heute für einen Neubeginn steht: „Himmelblau" von *die ärzte*. Es war ein sehr stiller Abschied von meiner alten Heimat gewesen, ich hatte schließlich nur noch meine Familie. Es gab keine Abschiedsparty, keinen letzten Arbeitstag mit Kuchen. Es klingelte niemand an der Tür, um mir auf Wiedersehen zu sagen. Ich verschwand einfach und ließ 18 Jahre Kindheit und Jugend zurück. Mit jedem Kilometer, mit dem ich mich von der Stadt entfernte, in der ich mich nicht länger zu Hause fühlte, ging es mir besser. Ich hatte keine Angst. Es konnte nur besser werden.

Die Ankunft in Münster war so still wie mein Abgang zu Hause, denn meine neue Mitbewohnerin und mein neuer Mitbewohner waren am Wochenende meines Einzugs beide unterwegs. Ich hatte bei der Wahl meines WG-Zimmers keine große Auswahl und keine hohen Ansprüche gehabt – wie auch bei meinem nicht vorhandenen Budget? Jede Besenkammer wäre mir recht gewesen, Hauptsache in Münster. Hauptsache raus.

Mein Zimmer war tatsächlich nicht viel größer und auch nicht viel sauberer als eine Besenkammer. Ganze zehn Quadratmeter mit quietschgelb gestrichener Raufasertapete und einem staubigen Fenster zum Innenhof – für mich hätte es nichts Schöneres geben können.

Da ein normales Bett zu groß für dieses Zimmer war, stand darin nun mein altes Hochbett aus Kindertagen, unter dem noch etwas Platz für eine Kommode übrig blieb. Damit war das Zimmer dann auch schon fast voll. Mein Hochbett, die Kommode,

Du hast kein klares Ziel,
aber Millionen Möglichkeiten
Ein gutes Gefühl –
und du weißt, es wird gut für dich ausgeh'n
Yeah

Der Himmel ist blau
Der Himmel ist blau

Die Welt gehört dir:

Was wirst du mit ihr machen?
Verrat es mir –
spürst du, wie die Zeit verrinnt?
Jetzt stehst du hier
und du hörst nicht auf zu lachen
Die Welt gehört dir –
und der Rest deines Lebens beginnt, yeah

Der Himmel ist blau,
so blau,
so blau ...

die ärzte – Himmelblau

ein Schreibtisch, dieses klitzekleine und ungemütliche *Ikea*-Sofa für 80 Euro und ein Regal. All das hatte ich mit meinen Eltern zusammen hineingepuzzelt, sodass in der Mitte des Zimmers ein kleiner Gang von der Tür bis zum Fenster übrig blieb. Perfekt.

Das Wochenende verbrachte ich nur auf mich gestellt mit Putzen und dem Identifizieren von mumifizierten Gegenständen aus dem Küchenschrank, welche möglicherweise mal Lebensmittel oder Tupperdosen gewesen waren. Noch nie im Leben hatte ich eine so dreckige Wohnung gesehen. Ich fühlte mich wie in einer dieser Realityshows, bei denen man sich fragt, ob es *wirklich* Wohnungen gibt, die so aussehen. Gibt es. Und in meinem Fall mit dieser Sonderausstattung: Eine klebrige Fettschicht, die den schlecht angebrachten Linoleumboden in der Küche sowie auch sonst alles in diesem Raum überzog. Gelbbraune Flecken und Ränder im Bad, ein schimmeliger Duschvorhang, ein Flur, der seit mehreren Generationen keinen Staubsauger mehr gesehen hat, und ein Treppenhaus, durch das sich ein Trampelpfad über zugestaubte Treppenstufen zog, sodass man nur noch in der Mitte die eigentliche Farbe der Stufen erahnen konnte.

Und trotzdem: Ich hätte nicht glücklicher sein können – ich war frei!

Als die beiden anderen am Sonntagabend zurück in die WG kamen und beim Betreten kurz dachten, die falsche Wohnungstür aufgeschlossen zu haben, war ich doch ganz schön aufgeregt. Bei der kurzen WG-Besichtigung hatte ich nur mit meiner Mitbewohnerin Tess gesprochen. Meinen Mitbewohner Julian hatte ich vorher noch nicht gesehen. Beide waren 20 Jahre alt und studierten irgendwas auf Lehramt, mehr wusste ich nicht.

„Hi, ich bin Jo [Dscho]!", stellte ich mich vor. In meinem Kopf hatte das irgendwie cooler geklungen, ausgesprochen kam es mir lächerlich vor. Aber nun hatte ich es gesagt und wollte dabei bleiben. Ich bin Jo – die wollte ich sein. Ganz neu anfangen. Nicht unsichtbar. Nicht die, auf die man tuschelnd mit dem Finger zeigt. Die neue Joana war nun Jo.

Ich schloss die beiden sofort ins Herz. Tess war aufgedreht, herzlich und absolut chaotisch, dazu frisch verliebt und einfach nur strahlend glücklich von morgens bis abends. Julian war ruhig, eher verschlossen und ein kleiner Eigenbrötler, der in seinem Zimmer viel Zeit über Büchern verbrachte. Noch nie zuvor hatte ich jemanden kennengelernt, der sich ausschließlich von Tütensuppen, ungeschälten Möhren und Rotwein ernährte. Ich mochte ihn und seine verschrobene Art. Er steckte voller Geheimnisse und ich erahnte, dass auch er diese Dunkelheit kannte, die ich mit mir herumtrug.

Wir wurden sofort ein eingespieltes Dreierteam. Ich fühlte mich nach langer Zeit wieder willkommen und als Teil einer Clique. Wir redeten viel über alles und nichts, aber nie über das, was ich hinter mir gelassen hatte. Sie stellten mich ihrem gemeinsamen Freundeskreis vor und ehe ich mich versah, lebte ich ein Studentinnenleben, in dem ich von mittwochs bis samstags durch Kneipen und Clubs zog. Da ich morgens erst um 10 Uhr im Fotostudio sein musste und mein junger Körper das billige Dosenbier und den 1-Euro-Erdbeerwein noch gut wegstecken konnte, ließ sich das Feiern und Arbeiten ganz gut miteinander vereinen.

Das Praktikum machte mir Spaß und die drei Monate vergingen im Trubel meines neuen Lifestyles wie im Flug. Nach dem Praktikum erwartete mich endlich der versprochene Ausbildungsvertrag – in die Kasse hatte ich, wenig überraschend, nicht gegriffen – und als der Tag der Unterschrift schließlich gekommen war, war ich sogar kaum aufgeregt. Schnell noch meinen Namen auf ein Stück Papier kritzeln und anschließend von meinen Eltern zum gemeinsamen Familienurlaub abgeholt werden. Das klang doch entspannt.

Als ich zu meinem Chef gerufen wurde, wurde mir allerdings stattdessen mitgeteilt, dass sie dieses Jahr nicht ausbilden würden. Das wäre finanziell gerade nicht drin, hieß es. Stille. Verwirrung. *Habe ich mich verhört?* Am letzten Tag. Ohne Vorwarnung. So eine Nachricht. Hätte im Büro meines Chefs – oder sollte ich besser ehemaligen Chefs sagen – eine Uhr gehangen, hätte sie bestimmt aufgehört zu ticken. Die Tür, die sich in meiner dunkelsten Stunde für mich geöffnet hatte, wurde soeben mit einem lauten Knall vor meiner Nase zugeschlagen. Schlimmer noch. Es war, als hätte es nur so ausgesehen, als stünde sie offen und ich wäre bei dem Versuch, durch sie hindurch zu rennen, mit voller Wucht gegen sie geknallt.

Ich saß in Schockstarre vor meinem Ex-Chef. Konnte weder weinen noch sprechen. Ich fühlte gar nichts. All das Nichts in mir war auf einen Schlag wieder da, als wäre es nie weg gewesen. Die Leere. Die Taubheit. Die Dunkelheit, mein alter verhasster Freund, ließ die vergangenen drei Monate wie einen Traum erscheinen.

„Wenn sie nicht gerade in die Kasse greift", hallte es wie ein Echo durch die Leere in mir. Ich blieb einfach stumm, unfähig, etwas zu erwidern. Was hätte ich auch sagen sollen? „Ja gut, tschüss dann!", oder was?

So schnell ich konnte, packte ich meine Sachen – inklusive des Urlaubsgepäcks, das mir plötzlich so unglaublich fehl am Platz vorkam – und stürzte aus dem Studio hinaus. Auf der Straße hielt ich inne und stand einfach nur da. Konnte nicht denken und nicht atmen. Wusste nicht, wohin mit mir und meinem Gepäck.

Die drei Wochen Familienurlaub verbrachte ich gefangen in meiner Dunkelheit – und machte ihn somit nicht nur für mich, sondern auch für meine Eltern und Geschwister zum schlimmsten Urlaub, den wir je zusammen verbracht haben.

Zurück in Münster ging ich meine wenigen Optionen durch und stellte mich sogar an einem Gymnasium vor, um mein Abitur zu machen. Ein Akt der puren Verzweiflung. Doch selbst diese Option stand mir nicht zur Verfügung, denn wie mir mitgeteilt wurde, hatte ich an meiner alten Schule in der elften Klasse Fächer abgewählt, die ich gar nicht hätte abwählen dürfen, und auch nie einen unbedingt notwendigen Schwerpunkt festgelegt. Um das Abitur zu machen, hätte ich die elfte Klasse also erst mal wiederholen müssen – mit 18 Jahren. Nein, niemals.

Ich bekämpfte meinen Schmerz und meine Hoffnungslosigkeit mit Aktionismus und reiste spontan mit meiner WG nach Berlin, wo wir in einem Hostel abstiegen und nachts, auf der Suche nach der nächsten Party, ziellos mit der U-Bahn durch die Großstadt irrten. Berlin war so unglaublich groß und so fremd, dass ich mich wie eine Ameise in einem Ameisenhaufen fühlte. Namenlos, eine von vielen, die einen schweren Rucksack mit Ballast schleppte.

Während ich wieder mal in meiner Betäubung, Ablenkung und Dunkelheit feststeckte, konnte mein Vater die Aussage des Fotostudios nicht auf sich sitzen lassen und griff zu seiner Waffe: dem Telefon. Ich zog ziellos durch die Großstadt und er telefonierte täglich zwischen Fotostudio und Arbeitsamt hin und her, bis er eine Möglichkeit fand, meine Ausbildung zumindest im ersten Lehrjahr komplett von der *Bundesagentur für Arbeit* bezahlen zu lassen. Somit war der Grund von mangelnder Liquidität, die mir laut meines Arbeitgebers die Ausbildung unmöglich machte, entkräftet. Ich werde nie erfahren, ob das wirklich der Grund oder nur ein Vorwand war, doch nun hatte mein Vater dafür gesorgt, dass ich nach meiner Rückkehr aus Berlin in Münster meinen Ausbildungsvertrag unterschreiben konnte. Es fühlte sich unwirklich an – und auch wenn da große Erleichterung war, konnte ich nur dumpf Freude empfinden. So dick war die Mauer, die ich mit der Zeit um mich herum errichtet hatte. Wie ein geprügelter Hund kehrte ich Mitte August ins Fotostudio zurück, um meine Ausbildung aufzunehmen. Es dauerte lange, bis ich mich dort wieder einigermaßen sicher fühlte. Jedes Mal, wenn mich jemand rief, fürchtete ich ein erneutes Gespräch beim Chef. Einen erneuten Tiefschlag. Aber er kam nicht – nicht im ersten und auch nicht im fünften Monat. Langsam kehrte meine Lebensenergie zurück.

Mein Ausbilder nutzte meine Fotografieerfahrung, die weit über den normalen Wissensstand einer Azubine im ersten Lehrjahr hinausging, zu seinem Vorteil aus. Für lächerliche 180 Euro im Monat schuftete ich wie eine Festangestellte, nicht selten sechs Tage die Woche. Bereits nach ein paar Monaten war ich an den Samstagen komplett allein im Studio – und fast jedes Mal habe ich danach zu Hause geheult, weil der Druck so groß war. Die Kundschaft war nicht immer freundlich zu mir. Wenn irgendetwas scheinbar zu teuer war, nicht zufriedenstellend war oder nicht schnell genug ging, wurde es oft sehr persönlich und laut. In den ersten zwei Jahren meiner Ausbildung habe ich nicht nur viel geweint, sondern auch mehr als einmal mit einer ordentlichen Magenschleimhautentzündung als Reaktion auf den Stress zu kämpfen gehabt – willkommen zurück, Magenschmerzen, wir kennen uns doch schon.

Trotz der vielen vergossenen Tränen liebte ich den Weg, den ich eingeschlagen hatte. Die Berufsschule machte mir Spaß und zum ersten Mal in meinem Leben graute es mir nicht davor, für Prüfungen zu lernen, weil mich deren Inhalt nun interessierte.

Es war ein berauschendes Gefühl, mit völliger Sicherheit in eine Klausur zu gehen und gute Noten zu schreiben. Ich war eine der Besten in meiner Klasse und hier fühlte ich mich nicht mehr so exotisch wie damals auf dem Gymnasium. Schnell fand ich eine Freundin, mit der ich mich mehrmals pro Woche traf. So sehr ich die WG-Clique auch mochte, so waren es doch nicht wirklich meine eigenen Freund*innen. Ich wurde gemocht und akzeptiert, war aber nach wie vor nur die Mitbewohnerin. Diese Freundschaft mit meiner Klassenkameradin war etwas anderes, etwas Neues. Das hier war meine erste, eigene Freundin in Münster und wir wurden unzertrennlich.

Sie öffnete mir die Tür zum Indierock und zu einigen alternativen Tanzkellern, in denen wir uns durch unsere unausgesprochene Traurigkeit verbunden fühlten und uns alles nächtelang von der Seele tanzten. Wir trafen uns zum Vorglühen entweder bei ihr oder bei mir, je nachdem, wer gerade sturmfreie Bude hatte, tranken Dosenbier und tanzten mit geschlossenen Augen in Indie-Kleidchen, Strickjacken und geschnürten Lederschuhen zu *MIA.*. Unsere WG-Zimmer waren an diesen Vorglühabenden prall gefüllt mit Emotionen. So viel Traurigkeit. So viel Hoffnung, endlich jemanden kennenzulernen, der uns auffangen würde.

Komm mein Mädchen, reich mir deine Hände,
Wir beide wissen du bist zur Zeit am Ende.
Komm mein Mädchen, lass dich fallen,
Wir beide sehen, du bist heut nicht alleine.

If you wanna know what you can do –
Schließ deine Augen und lass sie zu.
Komm nach vorn und sei dabei,

*Sieh mich an und
fühl dich frei!*

Rettung ist in Sicht – ich rette dich, du rettest mich.
Niemand weiß wohin es heute geht,
am Ende bleibst du einfach stehn.
Bist du am Ende, reich ich dir meine Hände.
Niemand weiß mehr, was er braucht und will,
Ich bin raus und einfach still.
Ich bin am Ende –
Reich du mir deine Hände!

MIA. – Komm mein Mädchen

Ein blaues T-Shirt

Es war schon spät und ich wirklich nicht mehr nüchtern, als mein Blick mitten im Club an jemandem hängen blieb, der mit seinem strahlend blauen T-Shirt und seinen fast zwei Metern Körpergröße aus der Masse herausstach. Da war es, dieses Bauchgefühl. So ein „der isses"-Gedanke, der mir den Mut gab, einfach quer über die Tanzfläche zu ihm hinzumarschieren und ihn ohne Begrüßung und ohne nachzudenken zu fragen: „Willst du meine Handynummer haben?" Er wollte.

Und so hatte ich an diesem Abend jemanden, der mich nach Hause brachte und den ich fragte, ob er nicht noch auf ein Getränk mit nach oben kommen wolle. Wir saßen bestimmt noch zwei Stunden in meinem WG-Wohnzimmer, schüchtern wie beim ersten Date und doch so vertraut, als würden wir uns schon lange kennen. Ohne nachzudenken, hatte ich mich ihm als Joana vorgestellt. Für ihn wollte ich nicht Jo sein – ich brauchte keine Maske, hinter der ich mich verstecken konnte. Keine fünf Minuten, nachdem die Tür hinter ihm ins Schloss gefallen war und ich wieder allein im WG-Flur stand, öffnete ich meinen Laptop und suchte auf *Facebook* nach ihm. Ich wollte nicht riskieren, dass mir am nächsten Morgen die Details fehlten – wie gesagt, ganz nüchtern war ich nicht. Ein paar Klicks später hatte ich ihn schließlich gefunden und schickte ihm, nachdem ich sämtliche Fotogalerien durchforstet und seinen Beziehungsstatus (Single!) gecheckt hatte, eine Freundschaftsanfrage und schloss den Laptop wieder, um endlich ins Bett zu gehen. In dieser Nacht schlief ich das erste Mal nach sehr langer Zeit mit einem Lächeln auf den Lippen ein.

Das Lächeln blieb bis zum Morgen und dazu gesellte sich ein enormer Kater, den ich aber gerne in Kauf nahm. Auf meinem

Arm standen außerdem drei Wörter, die mit Kugelschreiber geschrieben worden waren, an deren Ursprung ich mich jedoch beim besten Willen nicht erinnern konnte: „Ich liebe dich."

Wie absurd. Bis heute habe ich nicht den leisesten Schimmer, wie das passiert ist, aber diese Worte bestätigten mein Gefühl, dass aus der unverhofften Begegnung vom Vorabend mehr werden könnte. Noch in der gleichen Woche verabredeten wir uns zum ersten richtigen Date und kurze Zeit später teilte ich Nacht für Nacht meine 90 Zentimeter breite Matratze im Hochbett mit meinem neuen Freund. Ich war bis über beide Ohren verknallt und mein Leben leuchtete endlich wieder in bunten Farben. Fast könnte man meinen, er wäre der Retter gewesen, der meine Dunkelheit besiegte, aber in manchen Nächten brach sie dennoch aus mir heraus. Dann weinte und schluchzte ich zitternd in seinen Armen, bis ich vor Erschöpfung einschlief und ihn mit einem Gefühl der absoluten Hilflosigkeit zurückließ. Ich fühlte mich schuldig, weil ihm klar werden musste, dass es in mir Gefühle gab, die mich sehr belasteten. So erzählte ich ihm eines Nachts meine Geschichte – weihte ihn in meine Dunkelheit ein, meine Unsicherheit, die Taubheit, die mich manchmal ergriff, die absolute Trostlosigkeit, die mich immer wieder ohne Ankündigung überrollte. Ich weiß nicht, warum ich so große Angst davor gehabt hatte, ihm diesen Teil von mir zu zeigen. Vielleicht erwartete ich, dass ich ihm zu viel war, dass manche meiner Erlebnisse und Entscheidungen ihn schockieren würden und er mit einem „Das hätte ich nicht von dir erwartet" für immer aus meinem Leben verschwinden würde. Aber das tat er nicht. Er nahm mich einfach in den Arm und war für mich da. Er konnte mir nicht helfen, aber nun wusste er wenigstens, was die Ursache für meine nächtlichen Anfälle war.

Es tat so gut, endlich mit offenen Karten zu spielen und jemanden an meiner Seite zu wissen, der nicht sofort wegrennen würde, wenn mich die Dunkelheit mal wieder überfiel. Er würde an meiner Seite sein und für Farbe sorgen. Mit ihm war ich mutig genug, ein altes Kapitel voller Traurigkeit zu schließen und ein neues zu beginnen. Doch dafür musste ich mein Kinderhochbett hinter mir lassen und wieder mal weiterziehen. Es war nun an der Zeit, aus der WG auszuziehen. Und als wäre dies wieder eine Tür, die ich schließen konnte, brach mit meinem Auszug auch der Kontakt zu Tess und Julian ab. Es gab keinen Streit, nichts, was einen Kontaktabbruch zur Folge gehabt hätte – es war einfach so. Ich zog in die Wohnung meines Freundes und damit auch in ein anderes Viertel. Immer noch recht nah am Fotostudio, aber nicht mehr fußläufig um die Ecke.

Ich hatte kaum noch Lust, zu feiern, was auch zwangsläufig den Kontakt mit meiner Freundin von der Berufsschule reduzierte – auch das war nicht weiter schlimm, denn auch sie verliebte sich in derselben Woche wie ich Hals über Kopf und war erst mal in ihrer eigenen Welt. Und ich in meiner.

In dieser neuen Welt kam ich fast gleichzeitig mit meinem Freund von der Arbeit, wir gingen dann einkaufen, schauten danach zusammen *GZSZ*, kochten und aßen vor dem Fernseher, während *Wer wird Millionär* oder eine DVD lief, die wir uns ausgeliehen hatten. Die Wochenenden verbrachten wir meist auf einem Geburtstag – wenn auf einmal eine ganze Handballmannschaft zum Freundeskreis gehört, hat immer jemand Geburtstag – oder wir waren bei meinen oder seinen Eltern zu Besuch. Wir flogen zu zweit nach Korfu, wohnten für wenige Euro in einem kleinen Zimmer inklusive Frühstück – je zwei Scheiben Toast und ein Instantkaffee –, welches uns jeden Morgen von dem netten alten Herrn serviert wurde, dem die Unterkunft gehörte. Wir erkundeten mit einem Motorroller die Insel und aßen jeden Tag Gyros Pita und mindestens zwei Eis.

Als ich einmal als Fotoassistentin mit meinem Chef und zwei Models nach Lanzarote flog, telefonierten mein Freund und ich täglich miteinander und er erzählte mir detailliert, was ich bei *GZSZ* verpasst hatte. Wir lebten mit unseren 19 Jahren das spießigste Spießerleben und ich liebte es. Ich malte mir mein Leben nun selbst in bunten Farben aus. Heiraten und mit 22 Jahren dann drei Kinder bekommen – oder vielleicht auch fünf –, das klang für mich nach einer schönen Idee.

Im dritten Lehrjahr war ich bereits abgehärtet. Ich hatte Routine und Menschenkenntnis gelernt, konnte mit Stress und blöden Kommentaren umgehen und wusste, was ich mir gefallen lassen musste und was nicht. Um es mal so auszudrücken: Es war mir scheißegal, wenn die Bewerbungsfotos einen Tag vor dem vereinbarten Termin noch nicht fertig waren und der Kunde oder die Kundin deswegen zum Rumpelstilzchen wurde. Oder wenn mir mal wieder ein Vorwurf gemacht wurde, dass der Fuji-Mann um die Ecke die Fotos für ein Drittel des Geldes machen würde. Mir. Doch. Egal. Das war alles nicht mein Problem, nicht mein Fotostudio. Ich arbeitete nur dort.

Ich hatte noch immer eine unbändige Leidenschaft für die Fotografie, aber nach und nach wurde mir die Studiofotografie zuwider. Menschen, die ich nicht kannte, vollkommen nackt zu fotografieren, kostete mich jedes Mal große Überwindung. Zwei Mal habe ich Sexarbeiterinnen fotografiert und in beiden Fällen hatte ich zuvor meinem Chef gesagt, dass ich es nicht machen wolle. Ich bat ihn, das Shooting an meiner Stelle zu übernehmen, aber keine Chance, ich musste es trotzdem machen. Menschen zu fotografieren, deren Wünsche fernab meiner eigenen Vorstellung von Ästhetik waren, und dazu auch noch genötigt zu werden, festigte in mir die Entscheidung, mich, sobald es ging, selbstständig zu machen. Nie wieder wollte ich zu Fotos genötigt werden, mit denen ich mich unwohl fühlte. Nicht vor und nicht hinter der Kamera. Nie wieder sollte mein „Nein" überhört und nicht akzeptiert werden.

Kurz vor meiner Abschlussprüfung geriet ich mit meinem Chef immer wieder aneinander. Er fand mich dickköpfig und stur, weil ich meine Abschlussarbeit nicht so machen wollte, wie es alle machten. Ich war nie jemand gewesen, mit dem man schnell aneckte, aber die Summe all der Grenzüberschreitungen während meiner Ausbildungszeit brachten das Fass zum Überlaufen. Ich war bereit, endlich auf eigenen Beinen zu stehen und hielt es im Fotostudio kaum mehr aus. Schon seit einiger Zeit fühlte ich mich eingeengt. Als hätte ich in den vergangenen Jahren die leere Hülle, als die ich mich anfangs fühlte, Stück für Stück mit Selbstvertrauen, Erfahrung, Wissen und Lebensmut gefüllt und stünde kurz davor, auszubrechen und die Hülle abzustreifen. Aber irgendetwas stand mir noch im Weg und verhinderte, dass ich endlich die Joana sein konnte, von der Jo und die „kleine Jojo" nur hätten träumen können. Bisher dachte ich, meine Ausbildung und mein bevormundender Chef wären meine Blockade, doch als ich eines Tages mit meinem Freund bei *Ikea* war, um einen neuen Schrank für unser gemeinsames Schlafzimmer auszusuchen, traf mich die Erkenntnis zwischen all den Billy-Regalen wie ein Schlag. Es war eine banale Diskussion über den alten Schrank, der ersetzt werden sollte. Die Meinung meines Freundes war: „Kann auf den Sperrmüll. Oder verschenke ihn halt." Aber da war etwas in mir, das bei diesem Gedanken Alarm schlug. Ich wusste, dass ich diesen Schrank nicht hergeben wollte. In mir wurden auf einmal Zweifel losgetreten: Was, wenn ich ihn noch mal bräuchte? Was, wenn ich wieder allein sein wollen würde? Allein sein müsste?

Nie wieder

SOLLTE MEIN „NEIN"

ÜBERHÖRT UND

NICHT AKZEPTIERT

WERDEN.

Diese unausgesprochenen Gedanken brachten mich einige Nächte lang um den Schlaf, bis ich den Mut fand, das Gespräch mit meinem Freund zu suchen. Es war das schwerste Gespräch, das ich bis dahin je geführt hatte. Ich sah und spürte, wie in ihm unsere gemeinsamen Träume zerbrachen. Ich hätte ihn am liebsten in den Arm genommen und gesagt: „Ich nehme alles wieder zurück, alles wird gut!", doch das ging nicht. Mein Kopf sagte mir, dass dieser Mann perfekt war, meine Familie ihn liebte, wir uns nie stritten – was also war mein verdammtes Problem?

Logisch betrachtet gab es keins, aber mein Herz wusste, dass ich nach drei Jahren aus dieser Beziehung herausgewachsen war und mich nun auf meine eigenen Beine stellen wollte.

Die Wochen nach der Trennung waren alles andere als einfach und für uns beide ausschließlich mit Schmerz verbunden. Erst wohnte ich zwei Wochen bei einer Freundin, aber das war auf Dauer keine Lösung. Ich zog zurück zu meinem Ex-Freund in unsere ehemals gemeinsame Wohnung und wir nutzten die Zweizimmerwohnung als WG, aber das schmerzte noch viel mehr. Ich wollte dieser Situation unbedingt entfliehen und war durchgehend unterwegs, um ihm aus dem Weg zu gehen. Ich möchte mir gar nicht ausmalen, was es für ihn bedeutete, wenn er hörte, wie ich mitten in der Nacht die Tür aufschloss und er nicht wusste, wo ich gewesen war. Oder mit wem.

Nach einer gefühlten Ewigkeit fand ich ein WG-Zimmer in meinem alten Viertel. Meine neue Mitbewohnerin war etwas älter als ich und ebenfalls frisch getrennt. Sie studierte Medizin, hatte die Küche pink gestrichen und die Fliesen an der Wand mit Folie im Zebramuster überklebt. An den Wänden hingen gerahmte Bilder von Möpsen. Also den Hunden. Ich konnte zum Glück zeitnah einziehen, und schon am ersten Abend, als ich allein in meinem Zimmer war, fiel eine schwere Last von mir ab.

Vielleicht war es auch die Hülle, die nun nicht mehr passte und die ich endlich abgestreift und zurückgelassen hatte.

Der Schrank hat es übrigens trotzdem nicht mit in mein neues Zimmer geschafft. Er steht noch heute bei meinen Eltern im Gästezimmer. Dieser Schrank symbolisiert für mich das Gefühl von Unabhängigkeit – und es ist einfach schön, zu wissen, dass er noch da ist.

Kein Plan B

Zum ersten Mal seit meiner Zeit auf dem Gymnasium packte mich während der Vorbereitung auf meine Abschlussprüfung für die Ausbildung richtiger Lernstress. Im Gegensatz zu früheren Latein- oder Matheklausuren, vor denen ich mich einfach nur hilflos und verzweifelt gefühlt hatte, wusste ich jedoch, dass ich es diesmal schaffen würde. Der Stoff an sich war nicht schwer, es war einfach nur irre viel, sodass ich mir wieder mal die Nächte um die Ohren schlug. Ich wälzte die Ordner und Bücher der vergangenen drei Jahre und schrieb und schrieb und schrieb handschriftliche Zusammenfassungen, bis ich Blasen an den Fingern hatte.

So fleißig ich streckenweise lernen konnte, so sehr verplemperte ich oftmals die hellen Stunden des Tages mit komplett anderen Dingen: Küchenschränke ausmisten, Wände streichen, CDs alphabetisch sortieren, Festplatten nach alten Fotos durchforsten – und einen eigenen Blog erstellen. Um mich vom Lernstress abzulenken, bastelte ich mir einen *BlogSpot*-Blog, um eine Plattform zu haben, auf der ich meine Selbstporträts veröffentlichen konnte, die ich während des Prokrastinierens beim Archivieren gefunden hatte. Als angehende selbstständige Fotografin wollte ich meinen neuen professionellen *Facebook*-Auftritt *Lichtpoesie* – den Namen hatte ich mir mit meinem Ex-Freund für meine Fotografie überlegt – nicht ausschließlich mit Fotos von mir selbst füllen. Das fühlte sich komisch an. Da wäre ein persönlicher Blog doch der bessere Ort.

Mit einer Band im Ohr, die mich in Münster schon durch gute und schlechte Zeiten begleitet hatte, suchte ich nach dem perfekten Namen für meinen Blog.

Ich tippte den Namen in das entsprechende Feld auf der Blog-Website ein: *Odernichtoderdoch – eine Welt voller Wunder.*

Der Name stand somit fest, nun musste der Blog nur noch mit Inhalt gefüllt werden. Plötzlich war ich nervös und traute mich bei meinem ersten Posting noch nicht, mein Gesicht zu zeigen. Aber das Schreiben fiel mir so anonym ganz leicht:

> *„Sie saß auf ihrem Bett und wartete. Worauf, das wusste sie nicht. Ihr Herz war leer und ihr Kopf war voll. Die Erinnerung an die Liebe war nur noch ein leises Flüstern, das in ihrem Kopf widerhallte." – Joana, 2011.*

Ein Sturm hat alles weggefegt,
Ich weiß nur nicht zu sagen,

Will ich weiter?

Das Für und Wider blendet mich,
Spring ich ins kalte Wasser

oder nicht oder doch?

Und du machst weiter.

MIA. – Oder nicht oder doch

Ins Leben gestolpert

Wenn ich nicht gerade fürs Lernen beurlaubt war, arbeitete ich weiterhin und begleitete täglich viele, viele Menschen durch das Porträtstudio. Hinsetzen, abpudern, lächeln. Die Studentenstadt Münster wurde nie satt an Bewerbungsfotos – und so stolperte eines Tages auch ein ganz besonderer Kunde, dessen Name Niklas war, wie ich später herausfinden würde, über die nicht einsehbare Stufe hinter der Glastür zu mir herein. Ich war frisch getrennt und das Fotostudio mit seiner täglichen Flut an Studierenden bot die Gelegenheit, neue Menschen kennenzulernen und mich abzulenken – zumal ich am Ende jedes Shootings die persönlichen Daten der Kund*innen aufnehmen musste, inklusive Handynummer.

Selbst als Niklas ins Studio stolperte, hatte er eine Präsenz, die mich sofort in ihren Bann zog, auch wenn er optisch so gar nicht meinem bisher bevorzugten Typ Mann entsprach. Ich fühlte mich sonst eher zu der Sorte Zwei-Meter-Handballer mit Wuschelhaar hingezogen. Niklas passte mit seinem akkurat gezogenen Scheitel, dem Jackett, der Jeans mit Bügelfalte und den perfekt weißen *Converse* so gar nicht auf ein Handballfeld oder an meine Seite. Im Gesicht trug er ein selbstbewusstes Lächeln und riss mich mit den Worten „Wir haben grad telefoniert, oder?" aus meinen Gedanken. Er stand nun direkt vor mir.

Beim Fotografieren war ich nervöser als sonst. Wir redeten viel, und auch wenn ich nicht mehr weiß, worum es ging, hätte man von außen betrachtet sicherlich sehen können, dass da eine bestimmte Chemie zwischen uns war. Als wir mit der Auswahl der Bewerbungsfotos fertig waren und ich seine Kontaktdaten auf unser Auftragsblatt schrieb, konnte ich es kaum erwarten, zu Hause seinen Namen ins *Facebook*-Suchfeld einzugeben.

Was ich dann abends online las, ließ mein Interesse jedoch schnell wieder erlöschen – „in einer Beziehung" stand dort. Und trotzdem konnte ich es nicht lassen, den sprichwörtlichen Fuß in die Tür zu stellen, und kommentierte eines seiner Bilder, damit er mein Profil finden konnte.

Und jetzt erst recht

Die schriftlichen Prüfungen brachte ich erfolgreich hinter mich, auch wenn meine Mitbewohnerin es mir in den letzten Nächten vor dem großen Tag nicht gerade einfach gemacht hatte, zu schlafen oder zu lernen. Wenn zwei WG-Zimmer nur durch eine dünne Holzwand voneinander getrennt sind, kann man am Ende – auch ohne etwas gesehen zu haben – die wilde Nacht der Mitbewohnerin inklusive aller Details sehr genau beschreiben. Ich gönnte es ihr.

Nicht nur schriftlich überzeugte ich, sondern auch meine Gesellenstücke kamen gut an. Ich hatte entgegen dem Rat meines Chefs natürlich meinen Dickkopf durchgesetzt und es mir mit meinem Wunschthema „Alice im Wunderland" bewusst schwer gemacht. Als sich mein Model nach dem Shooting des ersten von fünf Fotos das Schlüsselbein beim Fußball brach und somit für weitere Aufnahmen ausfiel, musste ich auf meine kleine Schwester Alina zurückgreifen, die meinem Model zum Glück recht ähnlich sah. Körpergröße, Hautton, Blondschopf – das stimmte schon mal überein. Den Rest musste Photoshop dann regeln. Da meine minderjährige Schwester nicht allein zu mir nach Münster reisen konnte, fuhr ich mit meinem alten *Opel Corsa*, den ich bis unters Dach mit Requisiten vollgepackt hatte, in die Heimat. Ein Katzenkorb, eine Heckenschere, ein alter Sessel, eine Shisha und haufenweise künstliche Rosen – erstaunlich geräumig, so ein kleines Auto. Meine Mutter war nicht so begeistert davon, dass ihre 14-jährige Tochter für meine Fotos Shisha rauchen sollte, aber da mussten die beiden einfach durch. Im Nachhinein kann meine Mutter mir vielleicht sogar dankbar sein, denn Alina wurde während des Shootings so schlecht vom Rauchen, dass sie danach nie wieder eine Shisha angerührt hat.

Als alle Fotos im Kasten waren, stopfte ich die Requisiten zurück in das klapprige Auto. Ich überließ mein grün angelaufenes Schwesterchen wieder der Obhut meiner Eltern und rollte erleichtert zurück Richtung Münster – bis ich mitten auf der Autobahn dann nicht mehr rollte. So ein Mist. Der *Opel Corsa* hatte einfach still und leise den Geist aufgegeben. Ich hatte Glück im Unglück, denn bevor ich überhaupt verzweifelt irgendwen anrufen konnte, um zu fragen, wen ich denn nun anrufen solle, klopfte schon ein Polizist an mein Fenster. Er war noch recht jung und wirkte erst sehr freundlich und dann sehr irritiert, als sein Blick auf die Heckenschere auf dem Beifahrersitz und den Katzenkorb auf dem Rücksitz fiel.

„Haben Sie eine Katze dabei?", fragte er.

„Nein", antwortete ich, „ich habe ihn fotografiert."

Womit ich den Katzenkorb meinte. Das war nicht mein geistreichster Moment, was den Polizisten wahrscheinlich dazu veranlasste, mir daraufhin sehr langsam und ruhig zu erklären, wie ich weiter vorgehen sollte. Das war mir alles zu viel und ich fühlte mich überfordert mit der ganzen Situation. Ich rief lieber erst mal Papa an. Der telefonierte dann mit dem Polizisten, der wiederum den Abschleppdienst anrief. Der Abschleppdienst kam, der Mitarbeiter telefonierte dann wieder mit meinem Papa, weil ich nun aus Verzweiflung darüber, dass mein Auto nur bis nach Hamm abgeschleppt werden würde und ich dann nachts allein mit all meinem Katzenkorb-Heckenschere-Plastikrosen-Kram dort festsitzen würde, nur noch weinen konnte. Keine Ahnung wie, aber Papa hat es geregelt. Mein Auto wurde in Münster bei einer Werkstatt abgeliefert und der Mann vom Abschleppdienst fuhr mich mit seinem Abschleppwagen bis vor meine Haustür – geht doch.

Die Lossprechung – so nennt man den feierlichen Abschluss der Ausbildungszeit in einem Handwerksberuf – mit Überreichung der Gesellenbriefe war die erste offizielle Veranstaltung für mich, die in etwa einem Schulabschluss glich. Generell war es mein erster bewusster Abschluss, denn mein Abgang vom Gymnasium hatte ja eher einer Flucht geglichen.

Die Veranstaltung war trocken und langweilig, die Rede des Vorsitzenden der Fotografenkammer desillusionierend und demotivierend, denn es wurde einem fast wortwörtlich die Selbstständigkeit in diesem Beruf ausgeredet – die Konkurrenz sei zu groß und die Anfangskosten für das ganze Material seien zu hoch, hieß es. Schon während der Ausbildung war ich immer wieder enttäuscht darüber gewesen, wie wenig zeitgemäß die fachlichen Inhalte waren und wie wenig man auf die eigentliche Ausübung des Berufes vorbereitet wurde. Eigentlich war allen angehenden Fotograf*innen in meiner Klasse klar, dass sie nach der Ausbildung entweder noch etwas ganz anderes lernen müssten oder ihr Leben in einer Festanstellung in dem Studio verbringen würden, in dem sie gerade ihre Ausbildung absolvierten. Beides war für mich keine Option und ich fühlte mich in dieser Klasse schon

wieder wie eine Exotin. Die Idee, mich selbstständig zu machen, wurde nur belächelt. So ganz ohne Erfahrung, ohne Studio und ohne Startkapital? Vergiss es.

Ich befürchtete, auch bei der *Bundesagentur für Arbeit* für mein Vorhaben belächelt zu werden, doch zu meiner Überraschung wurden mein Businessplan und meine Zehn-Jahres-Finanzplanung – uff, das war ein einziges Ratespiel gewesen – durchgewunken und meine Tragfähigkeitsbescheinigung wurde von einem Existenzgründungsberater unterschrieben. Vielleicht hatte ich einfach Glück, an die richtigen Leute geraten zu sein, die gerade einen guten Tag hatten. Die für mich schwierigste Hürde, nämlich der Papierkram inklusive der Behördengänge, war somit geschafft. Jedenfalls dachte ich damals, dass dies doch bestimmt der schwierigste Part sei.

Die nächsten zwei Wochen drückte ich für einen Gründerkurs des Arbeitsamtes wieder die Schulbank und lernte mit anderen angehenden Gründern und Gründerinnen, was mich in der kommenden Zeit so alles an offiziellen Tätigkeiten erwarten würde. Um ehrlich zu sein, hatte ich mir über Themen wie Buchhaltung und Rechtsschutzversicherungen nie Gedanken gemacht, und so war dies die erste von vielen Überforderungswellen, die nach und nach über mir zusammenbrachen.

WIE. SOLLTE. ICH. DAS. SCHAFFEN?

Neben mir saßen eine erfahrene Fotografin und ein erfahrener Fotograf mit im Kurs, die – wie ich – allen Widerständen zum Trotz den Weg in die Selbstständigkeit wagen wollten. Sie mit Food- und Aktfotografie, er als Studiofotograf. Beide gaben mir das Gefühl, hier fehl am Platz zu sein, da ich ja direkt nach meiner Ausbildung wahrscheinlich noch keine Ahnung hätte, wie der Hase lief. Recht hatten sie. Ich hatte aber auch keine Alternative, also musste es einfach klappen.

Hier eine Aufzählung der Dinge, die ich hatte:

- 500 Euro Startkapital auf dem Konto
- eine Kamera mit zwei Objektiven
  (50 mm und 70 – 200 mm)
- einen verbeulten *VW Polo*
- ein 15 Quadratmeter großes WG-Zimmer
- einen in die Jahre gekommenen *iMac* mit meiner
  Schüler*innen-*Photoshop*-Lizenz
- ein *Facebook*-Profil: *Lichtpoesie*
- einen Blog für meine Selbstporträts: *Odernichtoderdoch*
- einen Terminkalender
- einen Dickkopf

Mit dem Existenzgründerzuschuss in der Tasche, der monatlich 900 Euro plus 300 Euro für die Sozialversicherung betrug, fühlte ich mich nach meinem Ausbildungsgehalt von 310 Euro im dritten Lehrjahr erst mal ziemlich wohlhabend. Noch nie hatte ich monatlich so viel Geld zur Verfügung gehabt. Und was macht man mit spontanem Reichtum? Ausgehen und feiern!

Als ich eines Abends mit meiner Mitbewohnerin aus war, sprach mich auf der Tanzfläche ihr Chef an, der Besitzer des Clubs, ob ich nicht auch Lust hätte, für ihn zu arbeiten. Meine Mitbewohnerin war schon seit einigen Monaten als Barkeeperin in einer seiner Bars beschäftigt, und ich wusste, wie viel Spaß ihr der Job machte und wie leicht sie dadurch eine neue Freundesgruppe gefunden hatte. Wahrscheinlich wäre ich niemals mutig genug gewesen, mich auf eine solche Stelle zu bewerben, aber in diesem Moment, gelockert durch ein paar Drinks, sagte ich zu – und so stand ich ein paar Tage später in einer Cocktailbar hinter der Theke und wurde eingearbeitet.

Mit meiner Tätigkeit als Barkeeperin in der Hafenbar brach für mich eine ganz neue und abenteuerliche Zeit an – und mir öffnete sich wieder eine Tür in eine Welt, die ich bis dahin nicht gekannt hatte. Zuvor war ich in Münster immer nur mit Menschen zusammen gewesen, die aus ähnlichen Familienverhältnissen kamen wie ich, ähnliche Tagesabläufe und Zukunftsvorstellungen hatten oder auch sonst eher in die Kategorie „behütete Kindheit" passten. Auf einmal verkehrte ich in Kreisen, die so ganz anders waren als all das, was ich bis dahin kennengelernt hatte. Damit meine ich nicht die anderen Studentinnen, mit denen ich in der Hafenbar meine Schichten absprach – ich meine eher den Barbesitzer und den ganzen Clan, der sich ständig in seiner Gegenwart und in seinen Bars und Clubs aufhielt: Türsteher*innen, Barkeeper*innen, Getränkelieferant*innen, Kassen- und Garderoben-Mitarbeiter*innen – Menschen, die in ihrem Leben ganz andere Geschichten und Niederlagen zu verbuchen hatten als ich. Leute, denen teilweise Alkohol nicht reichte, um ihrer Realität für einen Moment zu entfliehen, und für die es nicht selbstverständlich war, ein eigenes Zimmer zu haben. Manchmal hatten sie nicht mal ein eigenes Bett, in das sie sich zurückziehen konnten.

Die Zeit in der Bar zeigte mir, wie dankbar ich für mein Leben sein konnte. Trotz all der Geschichten, die mir in der Vergangenheit passiert waren. Ich lernte, was es bedeutet, privilegiert zu sein, und immer wieder empfand ich meine Probleme als so banal. Ich hatte eine Familie, die immer hinter mir stand, und ein Zuhause. Ich hatte Träume und Zukunftsvisionen. Ich hatte Chancen. Und was machte ich mit all den Chancen?

Die ersten Monate meiner Selbstständigkeit vergingen, ohne dass ich mich so richtig in mein neues Leben einfand. Durch die Arbeit in der Bar kam ich oft erst bei Tagesanbruch nach Hause, stank nach Rauch, Schweiß und den Toiletten, die ich nach meiner Schicht zu einem Stundenlohn von 6,50 Euro noch schrubbte. Ich fühlte mich eklig, wenn ich mit meinem Döner zum Frühstück um 8 Uhr morgens zwischen den letzten Schnapsleichen auf den Straßen und den ersten schick angezogenen Menschen mit Laptoptaschen nach Hause schlich, um schlafen zu gehen. Ich verdiente Geld, aber nicht mehr mit der Fotografie. Meistens fotografierte ich unentgeltlich Menschen, die ich kannte. „Um mein Portfolio aufzubauen", sagte ich. „Weil du dich nicht traust und Angst hast, jemand könnte deine Fotos nicht gut finden und rumerzählen, dass du dafür auch noch Geld verlangst", stichelten die Selbstzweifel in mir.

Da ich in meinem kleinen WG-Zimmer niemanden empfangen wollte, traf ich mich für Vorgespräche mit meinen Kunden und Kundinnen – Bekannten, von denen ich kein Geld verlangte – in einem Café. Das kam nicht oft vor, denn nur wenige Anlässe erforderten solch ein Vorgespräch. Ich hatte mir dafür ein Café in der Nähe meiner Wohnung ausgeguckt, in dem ich mich wohlfühlte. Nach einem dieser Vorgespräche auf der Café-Terrasse wollte ich gerade reingehen, um die Rechnung zu bezahlen, als ich schlagartig stehen blieb. Aus dem Augenwinkel sah ich jemanden, der mir bekannt vorkam. Und tatsächlich stand ER dort in der Warteschlange. Ohne Jackett oder Bügelfalte dieses Mal, aber mit seinem unverkennbaren Lächeln und einem Blick, der ganz genau sagte: „Ich erkenne dich auch." Wir tauschten nicht mehr als ein schüchternes „Hi" aus, aber zurück in meinem Zimmer setzte ich mich sofort an den Laptop, um noch einmal Niklas' *Facebook*-Profil zu öffnen. „Single" stand da nun. Bevor ich groß darüber nachdenken konnte, was ich denn konkret machen sollte, hatte ich auch schon eine Nachricht von ihm im Postfach.

Fast ein Jahr war vergangen, seit wir uns das erste Mal gesehen hatten, und seitdem war so einiges passiert. Mit dem Foto, das ich damals von ihm geschossen hatte, hatte er sich bei einer Modelagentur beworben und wurde nach dem ersten Casting schnurstracks auf die Laufstege dieser Welt geschickt. Er lief für große Designer*innen, Fotos von ihm wurden in renommierten Modemagazinen abgedruckt und sein Name war in den Listen der weltweit angesagtesten Male Models zu finden. Ich war beeindruckt. Das klang abenteuerlich – ich wollte mehr erfahren!

Wir verabredeten uns nach wenigen Zeilen, die wir uns auf *Facebook* schrieben. Unser erstes Date fand am Münsteraner Aasee statt, wo wir einfach nur auf der Mauer saßen und ewig quatschten. Schon da fand ich heraus, dass in ihm noch viel mehr steckte, was ich viel spannender fand als seine Model-Geschichten. Niklas erzählte voller Liebe von seiner Familie, seiner Schwester, seiner Oma. Und er konnte so befreit und uneitel über sich selbst lachen – und das taten wir ab diesem Tag gern und viel. Ein paar Witze gingen auch auf meine Kosten, wir wollen ja fair bleiben.

Diese Verbindung fühlte sich so anders an als bei meinem vorherigen Freund, mit dem ich mich Hals über Kopf in eine Beziehung gestürzt hatte. Das hier war mehr ein vorsichtiges Umschleichen, fast wie ein Tanz. Wir sprachen nicht über eine Beziehung, aber wir trafen uns, so oft wir konnten, und irgendwann kam der Tag, an dem wir gemeinsam bei einer WG-Party in der Küche standen und uns über Treue unterhielten.

„Ich fänds schon doof, wenn es da noch jemanden neben mir gäbe", sagte er grinsend – immer dieses Grinsen!

„Ja, das fänd ich auch doof", sagte ich, nicht weniger wissend grinsend. Und somit war die Sache geritzt.

Von außen betrachtet waren wir ein ziemlich ungleiches Paar. Ich lebte meinen Alltag als selbstständige Fotografin, jobbte nachts in Cocktailbars, färbte mir die Haare pink, ließ mich tätowieren und lackierte in spontanen Kreativ-Anfällen irgendwelche Möbel, die ich allein vom Sperrmüll nach Hause geschleppt hatte.

Er machte sein Repetitorium – eine einjährige Lernphase vor dem ersten Staatsexamen in Jura –, verbrachte viel Zeit mit diesem und jenem in diesem und jenem hippen Café und verwandelte sich ab und zu in einen Anzugträger mit rahmengenähten Schuhen, um nach Düsseldorf zu seinem Nebenjob in der Finanzbranche zu pendeln. Mein kleiner Freundeskreis sah in ihm einen arroganten Lackaffen; sein Freundeskreis sah in mir das nicht ernst zu nehmende Mädchen mit den bunten Haaren ohne Abitur. Wenn man in einem Freundeskreis immer wieder auf geteilte Meinungen zu seinem Partner oder seiner Partnerin stößt, erledigt sich das mit der Clique schnell. Wir spalteten uns mehr und mehr von unseren Freund*innen ab und waren gemeinsam einsam. Aber das fiel uns zu dem Zeitpunkt noch gar nicht auf. Auf meinem Blog erschienen jetzt die ersten Bilder von uns zu zweit und ich zitierte *MIA*..

Ich klopfe morgens an dein Fenster,
Bis deine Nachbarn es auch hören.

Ich verstreue meine Sachen –
Überall liegt was von mir.
Ich lege Netze, stelle Fallen
Und teste dich so auf Gespür.

Immer wieder
Sing' ich die Liebeslieder
Vom Kampf ohne Verlierer,
Und du
Hörst mir zu.

MIA. – Immer wieder

Hilfe, ich brauche Hilfe

Trotz frischer Beziehung und jemandem an meiner Seite, der ein offenes Ohr für meine Sorgen hatte, ging es mit meiner Motivation, meine Fotografie-Karriere voranzubringen, eher abwärts als aufwärts. Ich konnte mich selten vor 14 Uhr aufraffen, um meinen Tag zu starten, und schrieb mir dann ellenlange To-do-Listen, vor denen ich so lange verzweifelt saß, bis ich mich für meine nächste Schicht in der Bar fertig machen musste. In den Nächten, in denen ich nicht arbeitete, konnte ich nicht schlafen und fotografierte Selbstporträts für meinen Blog. Tagsüber saß ich dann stundenlang vor meinem Rechner, meinem Kalender und meiner *Facebook*-Seite und verzweifelte an der Machtlosigkeit. Ich wollte mich endlich mal aufraffen und etwas tun, das meine Selbstständigkeit voranbrachte, aber ich schaffte es nicht. Die endlosen unbeantworteten Nachrichten bei *Facebook*, *Model-Kartei*, auf meinem Blog und in meinem E-Mail-Account häuften sich genauso wie die ungelesenen Briefe auf meinem Schreibtisch, vor denen ich eine regelrechte Panik entwickelt hatte. Bloß nicht öffnen. Ich war mit dem ganzen Papierkram, den die Selbstständigkeit mit sich brachte, völlig überfordert. Erst als mein Konto ins Minus rutschte, weil sich in den ungeöffneten Briefen anscheinend schlimmere Dinge als nur Mahnungen verbargen, erwachte ich aus meiner Starre. Mit Entsetzen stellte ich fest, dass ich es irgendwie geschafft hatte, mich sowohl privat als auch gesetzlich zu versichern, und nun monatlich Summen von meinem Konto eingezogen wurden, die selbst ich nicht mehr ignorieren konnte. All das Chaos war mir so unangenehm, dass ich sogar selbst zum Telefon griff, statt wie sonst meinen Papa vorzuschicken. Meine Hoffnung:

das Existenzgründerbüro. Vielleicht konnten die mich aus diesem Schlamassel befreien. Ich versuchte, beim Reden so gut es ging meine Tränen zurückzuhalten, aber meine Stimme zitterte hörbar. Der Mann am anderen Ende der Leitung war – den Geräuschen nach zu urteilen – im Auto und kurz kam mir der Gedanke, dass er mich sicherlich abwürgen würde. Doch das tat er nicht. Er hörte mir zu, erkannte meine Verzweiflung und sagte ganz ruhig in einem zuversichtlichen und fast väterlichen Tonfall: „Wir kriegen das schon hin." Dieser eine Satz gab mir neue Kraft und Zuversicht.

In den nächsten Wochen verbrachte ich viele Stunden mit dem Mann vom Existenzgründerbüro. Gemeinsam wühlten wir uns durch all das, was ich in der vergangenen Zeit vermasselt hatte. Er war sichtlich schockiert über den aktuellen Zustand meiner Unterlagen und meiner Selbstständigkeit, warf aber nicht mal ein vorwurfsvolles „Warum?" oder ein kopfschüttelndes „Wie konnte das denn passieren?" in den Raum. Mit einer wahnsinnigen Geduld und seiner beruhigenden Art zog er den Karren für mich aus dem Dreck. Er klärte mein Versicherungsdilemma, erarbeitete mit mir, was ich alles brauchte und was überflüssig war, übernahm mit seiner Kollegin meine Buchhaltung und schaute sich gemeinsam mit mir den Finanzplan an, den ich natürlich damals auch nicht selbst erstellt hatte und der einfach mehr schlecht als recht ins Blaue geraten war. Ich bin mir sicher, dass ich ohne diese geduldige Seele heute beruflich nicht hier wäre, sondern untergegangen wäre, bevor meine Selbstständigkeit überhaupt richtig begonnen hätte.

Mit dem Gefühl, mein Leben wieder einigermaßen im Griff zu haben, bestritt ich die nächsten Monate. Es war Sommer geworden, die Hochzeitssaison war in vollem Gange und mein Terminkalender prall gefüllt mit inzwischen bezahlten Aufträgen.

Ich hatte so viel zu tun, dass ich gar keine Zeit mehr hatte, vor dem Rechner zu sitzen und auf meine To-do-Liste zu starren, bis sich die Worte in zusammenhanglose Buchstaben auflösen.

Inzwischen war ich aus meiner WG aus- und zwei Etagen höher in meine erste eigene Wohnung eingezogen, teilte mir mit einem anderen Fotografen ein kleines Fotostudio in der Nähe der Hafenbar und war an den Wochenenden beruflich auf Hochzeiten unterwegs. Die Tage und Nächte kamen mir einfach nur wie hell, dunkel, hell, dunkel vor. Nicht selten wechselte ich vom Fotostudio zur Hafenbar und zurück, ohne geschlafen oder geduscht zu haben.

Es war ein Leben im Rausch. Ich hatte gar nicht die Möglichkeit, groß nachzudenken, was hier gerade um mich herum und mit mir passierte, weil ich einfach nur funktionierte.

Nachdem die Hochzeitssaison vorbei war und neben der Arbeit in der Bar nur noch vereinzelt Shootings anstanden, kamen die Selbstzweifel wieder. Plötzlich war wieder das vertraute Gefühl der Leere in mir. Ich war haltlos, ruhelos, ziellos. Ohne einen festen Tagesrhythmus verlor ich mich selbst immer mehr. Ich arbeitete nachts in der Bar und war am nächsten Tag ohne den Druck, zu einem Shooting zu erscheinen, antriebslos und müde. Ich hatte kaum Aufträge der Art, wie ich sie eigentlich haben wollte, traute mich aber nicht, ganz offen Akquise zu betreiben. Ich wollte selbstständig sein, aber es fühlte sich an, als würde ich mit angezogener Handbremse fahren. Der Existenzgründerzuschuss war mittlerweile ausgelaufen und so musste ich nun akribisch auf meine Ausgaben achten. Um Geld zu sparen, kündigte ich meine Studiogemeinschaft und machte meine erste eigene Wohnung zu einer WG, indem ich das einzige abschließbare Zimmer an eine Freundin vermietete, mit der ich in den vergangenen Monaten viel Zeit verbracht hatte. Ich selbst bewohnte nun das Durchgangszimmer zwischen ihrem privaten Reich und dem Flur. Wieder schrieb ich mir jeden Tag lange To-do-Listen, wollte mich zwingen, Nachrichten zu beantworten, Rechnungen zu überweisen oder Fotos zu bearbeiten, aber saß stattdessen regungslos vorm Rechner. To-do für To-do, Tag für Tag hasste ich mich selbst ein bisschen mehr.

Es hätte so einfach sein können, aber ich bekam es einfach nicht auf die Reihe. Was sich eigentlich nach Selbstbestimmung und Freiheit anfühlen sollte, war für mich zum Gefängnis geworden. Ich bekam keine Luft mehr, mir wurde alles zu viel. Pünktlich um 16 Uhr begannen in dieser Phase täglich meine Migräneattacken und ich verbrachte den Rest des Tages im Bett. Im Dunkeln und mit pochendem Kopf litt ich einfach vor mich hin, sah wortwörtlich kein Licht mehr. Auch Niklas machte sich mittlerweile Sorgen um mich.

Ich bekam wieder Mahnungen und auch Aufträge wurden abgesagt, weil ich mich nicht zurückgemeldet hatte. Ein einfaches „Am besten besprechen wir die Details telefonisch" unter einer Anfrage für eine Hochzeitsreportage reichte aus, um mir einen ziemlich guten Job zu verprellen, weil ich mich einfach nie wieder meldete. Ich konnte nicht einschlafen, weil mich diese dunkle Wolke aus Verpflichtungen und nicht erfüllten Aufgaben erdrückte. Mir fehlten auf einmal sogar die Motivation und die Leidenschaft für freie Fotoprojekte – was sage ich, mir fehlte die Leidenschaft für alles. Schon wieder sah ich mich an einem Tiefpunkt und wusste nicht mehr weiter.

Ich googelte eine komplette Nacht orientierungslos nach Psychologen und Psychologinnen, wusste aber nicht, wie man so etwas anging. Brauchte ich dafür eine Überweisung oder marschierte ich einfach in die Praxis und erzählte, dass ich irgendwie gestört war? In meiner Verzweiflung und Ratlosigkeit fand ich mich im Wartezimmer meines Hausarztes und war kurz davor, einfach wieder aufzustehen und zu gehen. Was sollte ich ihm erzählen? Außer der Migräne hatte ich körperlich keine Beschwerden und gegen Blödheit gab es meines Wissens kein Heilmittel. Ich hatte furchtbare Angst vor dieser peinlichen Situation. Ich wollte die wertvolle Zeit meines Arztes nicht verplempern, nur weil ich nicht wusste, was ich sagen sollte. Trotzdem blieb ich im Wartezimmer sitzen und nahm mit pochendem Herzen auf dem Behandlungsstuhl Platz, nachdem ich endlich aufgerufen worden war.

Es wäre ganz egal gewesen, welche erklärenden Worte ich vorbereitet hätte. Als er mich nämlich freundlich ansah und fragte, was mir denn fehlen würde, brach unerwartet und ungefiltert alles aus mir heraus. Ich heulte Rotz und Wasser und brachte keinen vernünftigen Satz zustande. Es war mir zwar furchtbar peinlich, aber ich konnte nichts gegen diesen plötzlichen Ausbruch tun. Mein Arzt wartete geduldig, bis ich wieder einigermaßen in der Verfassung war, zu sprechen. Er unterbrach mich nicht, stellte keine Fragen und ließ mich erzählen. Das ermutigte mich, denn ich hatte erwartet, mit einem blöden Kommentar à la „Wenn Ihnen körperlich nichts fehlt, kann ich Ihnen auch nicht helfen" abgefertigt zu werden. Aber ich hatte Glück. Zwischen all den Schluchzern und Satzfetzen mit langen Pausen erkannte er mein Problem und schrieb eine Überweisung. Er hatte einen Freund, einen Psychotherapeuten, der auf die Aufmerksamkeitsdefizit-Hyperaktivitätsstörung spezialisiert war. ADHS. Uff.

Mit dem Überweisungsschein ging ich nach Hause. Müde vom vielen Angst haben und weinen. Geschlaucht von dieser ganzen Anspannung, die langsam abfiel. Geschockt, aber irgendwie auch nicht. Diese vom Hausarzt vermutete Diagnose überraschte mich nicht wirklich und tief in mir tauchte ein ganz neues Gefühl auf, das ich erst einordnen musste: Erleichterung.

Vielleicht bin ich gar nicht dumm. Vielleicht ist nur irgendetwas anders bei mir. Vielleicht kann mir geholfen werden.

Die folgende Nacht verbrachte ich mit erneutem, diesmal gezieltem Googeln. Mit jeder ADHS-Website, jedem Forum und jedem Selbsttest lernte ich mich besser kennen. Durch das, was ich da las, erklärten sich auf einmal so viele meiner Probleme, die mich im Alltag immer wieder straucheln gelassen hatten. Es wäre zu umfangreich, alles aufzuzählen, aber ich nenne euch mal ein paar Beispiele, die mich persönlich betreffen:

Probleme, den Fokus zu finden: Landkarten, Tabellen oder Busfahrpläne sind für mich nur unter Aufwand von enormer Konzentration zu durchdringen. Bei jedem Berlin-Trip stand ich immer wieder vor diesen großen Schildern des U-Bahn-Netzes und habe nichts als bunte Striche gesehen. Auch Zahlen sind mir im Gegensatz zu Buchstaben ein großes Rätsel – man nenne mir eine zweistellige Zahl, lasse mich ein Mal im Kreis drehen, schon ist sie weg. Zahlen in Tabellen sind für mich ein unerklärlicher Zahlen-Salat. Die einzige Nummer, die ich verlässlich auswendig weiß, ist die des Haustelefons meiner Eltern.

Übermäßige Ungeduld und Hibbeligkeit: Langsame Sprecher*innen sind für mich eine Art Folter und nicht selten habe ich das Bedürfnis, jemanden einfach zu unterbrechen und den Satz selbst zu beenden. Ich bin unendlich dankbar für die moderne Technik, durch die ich mir die Wiedergabegeschwindigkeit von Videos, Sprachnachrichten und Hörbüchern auf eine für mich angenehme Schnelligkeit einstellen kann. Lange Flüge oder Autofahrten, bei denen ich einfach keine bequeme Sitzposition finde, sind immer wieder eine Herausforderung für mich.

Impulsivität: Für neue Hobbys, spontane Einfälle und vermeintlich großartige Ideen bin ich sofort Feuer und Flamme – und verliere genauso schnell wieder die Lust an ihnen.

Unaufmerksamkeit und Zerstreutheit: Bei monotonen Stimmen kann ich nicht dranbleiben und drifte bei dem nächstbesten Schlagwort in meine eigene Gedankenwelt ab. Gedankenketten sind meine Spezialität.

Reizbarkeit, Überforderung, Vergesslichkeit, Unruhe – haargenau ich. Nicht „irgendwie trifft das schon zu" oder „das ein oder andere könnte schon passen", nein. Alles auf einmal, in voller Intensität und noch viele weitere der anerkannten Merkmale für ADHS waren wie eine genaue Beschreibung meiner Persönlichkeit.

Das erklärte so vieles. Ich wollte am liebsten alles ausdrucken, mit Textmarkern anstreichen und es allen Leuten schicken, denen ich damit so vieles hätte erklären können. Meinen Eltern. Meinem Ex-Freund. Meinen Lehrern und Lehrerinnen. Meinem ehemaligen Chef. Ich wollte das Fenster aufreißen und in die Welt schreien: „ICH BIN GAR NICHT DUMM! ICH KANN ALLES ERKLÄREN!"

In dieser ersten Nacht nach dem Arztbesuch erinnerte ich mich wie aus dem Nichts an die Doktorarbeit meiner ehemaligen Mitbewohnerin, für die ich an einer Untersuchung teilgenommen hatte. Neben einem MRT von meinem Gehirn gab es noch einen sehr umfangreichen Fragebogen über die Psyche, den ich ausgewertet zurückbekam – und der mich zu dem Zeitpunkt leider nicht interessierte und darum ungelesen irgendwo in den Tiefen meines WG-Zimmers verschwand. Ob ich mich schon mal mit dem Thema ADHS beschäftigt hätte, fragte sie mich damals, und ich hörte ihr gar nicht richtig zu. Schade. Da war eine

Tür gewesen, schon vor Monaten. Ich hatte sie nicht gesehen. Aber nun war ich bereit, hindurchzugehen.

Zu meiner ersten Therapiestunde ging ich mit gemischten Gefühlen. Ich hatte mir in den vergangenen Tagen aus dieser Vordiagnose von meinem Hausarzt einen Rettungsanker gebaut und mich darauf eingestellt, dass es vielleicht Mittel und Wege gab, mir mit diesem Problem, das auf einmal den Namen ADHS trug, zu helfen. Aber was, wenn der Spezialist nun zu der Ansicht kam, dass ich kein ADHS hatte und ich doch einfach nur dumm und unfähig war? Hoffnungslos verloren also? Ich legte mir ein paar Sätze zurecht, die ich aufgrund der ganzen Selbsttests im Internet als ziemlich eindeutig empfand, um ihn zur Not davon überzeugen zu können, dass ich wirklich ADHS hatte. Durch meine intensive Recherche war ich bestens darauf vorbereitet, ihm zu erklären, wieso ich eindeutig betroffen war.

Also saß ich im Wartezimmer, das mit feinsten 90er-Jahre-Möbeln in Blau und Gelb ausgestattet war, starrte auf die ausgeblichenen Aquarellbilder in blauen Plastikrahmen an der Wand und fragte mich, wie viele Leute schon vor mir auf diese Bilder gestarrt hatten. Es ist ja so, dass man hässliche Dekoration in seinen eigenen vier Wänden irgendwann nicht mehr wahrnimmt, wenn sie nur lange genug herumsteht oder -hängt. So wie die Pippi-Langstrumpf-Holzmarionette bei meiner Mutter in der Küche – unsichtbar. Verstohlen sah ich mich immer wieder zu den beiden anderen Menschen um, die mit mir im Wartezimmer saßen und vielleicht auch ADHS hatten. Verrieten sie sich durch irgendetwas? Ein zuckender Fuß, nervöses Knibbeln an den Fingernägeln? Sollte ich irgendetwas in diese Richtung tun, damit der Arzt, wenn er reinkam, um mich aufzurufen, sofort sah, was Sache war? Ein absurder Gedanke, aber in meinem

Kopf spielte ich die seltsamsten Szenarien durch. Ich war einfach furchtbar aufgeregt und prägte mir als Ablenkungsmanöver jedes Detail dieses Wartezimmers ein: Von der Neon-Deckenbeleuchtung bis hin zum Industrieteppich und der laminierten Folie vor dem Wasserspender, auf der in Comic Sans „**Bitte benutzte Becher in den Müll werfen**" stand. Comic Sans. Eine optische Qual für alle Designer und Designerinnen, das LOL unter den Schriftarten, der Star der PowerPoint-Präsentationen meiner Schulzeit.

Ich wurde aufgerufen. Das passiert immer in dem Augenblick, in dem man nur mal kurz aufs Handy guckt und gerade am Tippen ist. Zu Ende schreiben oder abwürgen? Abwürgen natürlich. Wenn ich aufgerufen werde, packe ich immer sofort hektisch alles zusammen und springe noch auf, bevor mein Name vollständig ausgesprochen wurde. Nun ging es also ins Behandlungszimmer. Es gab Stühle und eine Liege, wie ich sie aus den Behandlungszimmern von Hausarztpraxen kannte. Kein klassisches Psychotherapeuten-Sofa. Ich durfte auf einem Stuhl Platz nehmen und es gab durch den Schreibtisch zwischen dem Arzt und mir zum Glück noch genug Distanz.

Und jetzt? Muss ich erzählen? Erzählen, warum ich hier bin? Stellt er Fragen?

Ich wäre vor Aufregung fast gestorben. Die nächsten Momente würden entscheiden, ob sich mein Leben um 180 Grad drehen oder ob mir der Boden unter den Füßen weggerissen werden würde – beziehungsweise, ob ich einfach weiter fiel.

Es folgte diese unangenehme Stille. Ganz. Ganz. Unangenehm. Er schaute mich an, ich schaute ihn an. Ich schaute weg, schaute ihn wieder an. Atmete. Hörte auf damit, atmete wieder.

„Jaaaa", sprach er endlich, „jetzt sind Sie hier". Ja, das bin ich wohl.

„Mein Kollege hat mir kurz von Ihnen erzählt. Das klingt ja nicht so gut!"

Ich konnte nicht anders, als ihn einfach nur anzustarren und die Luft anzuhalten. Was passierte nun?

„Wir können natürlich nicht einfach so eine Diagnose stellen", begann er und ich war kurz vor dem Zusammenbruch, „aber wir haben da ein paar ganz gute Möglichkeiten, um herauszufinden, ob Sie hier wirklich richtig sind. Lassen Sie uns doch einfach anfangen. Erzählen Sie mir doch bitte noch einmal das, was Sie dem Kollegen erzählt haben."

Puh. Das war ein Anfang. Ich beschrieb also meine Situation noch einmal – dieses Mal, ohne zu weinen oder zu schluchzen, und das sogar ziemlich schnell. Wie oft war ich diese Worte im Kopf immer und immer wieder durchgegangen – mittlerweile konnte ich die Geschichte fast auswendig rezitieren. Er machte sich unleserliche Notizen auf einer großen Karteikarte. Ich schielte beim Reden darauf, konnte aber kein Wort entziffern. Was ich da sah, waren nicht mal richtige Wörter und ich fragte mich, ob er das Gesagte zusammenfasste oder schon ein paar Gedanken dazu notierte. Oder einfach nur so tat, als würde er etwas Schlaues schreiben – so genau konnte man das ja nicht erkennen. Als ich schließlich mit meiner Erzählung fertig war, brummelte er zustimmend und es ging sofort weiter im Programm. Er holte einen Fragebogen heraus und fing an, mir die typischen Fragen zu stellen, die ich im Internet schon mehrfach beantwortet hatte. Nun fühlte ich mich sicher, als hätte ich für eine Klausur gelernt. Ich war vorbereitet: Ja. Nein. Ja. Ja. Hm, nicht ganz. Ja. Ja. Nein. Kann man so sagen. UND WIE! Oh ja. Nee. Hm, weiß nicht.

Er machte eifrig Kreuzchen, stellte am Ende noch ein paar Fragen, die nicht auf dem Blatt zu stehen schienen, und verabschiedete sich mit den Worten: „Bis nächste Woche dann, den Termin vereinbart meine Kollegin mit Ihnen."

Das klang doch zumindest nicht so, als würde er bezweifeln, dass ich hier richtig war! Ich war erleichtert, doch wirklich aufschlussreich war das Ganze nicht gewesen. Ich gab ihm zum Abschied die Hand und verließ diese Hölle der 90er.

Was in den nächsten Monaten folgte, war nicht einfach. Ich ging zu meinen wöchentlichen Gesprächsterminen, die ich nicht mehr bei ihm, sondern bei seiner Kollegin hatte, die mir zum Glück viel sympathischer war. Bei ihr hatte ich keine Hemmungen und erzählte alles, was mir auf dem Herzen lag. Ich kann bis heute nicht sagen, wie genau sich die Gespräche jedes Mal entwickelten, aber meistens erzählte ich einfach, sie hörte zu, notierte sich etwas, stellte hier und da Fragen. Wir gingen alte Zeugnisse durch, Freundschaften, Arbeitsverhältnisse und sehr viele Kindheitsgeschichten. Sie hatte ein Talent dafür, sensible Stellen meiner Erzählungen zu identifizieren und unterbrach mich ab und zu mit der Frage: „Und warum macht Sie das gerade so emotional?", was mich, so klischeemäßig diese Frage auch sein mag, jedes Mal zu einem Tränenausbruch führte. Ich hasste diese Frage, aber irgendwie hatte meine Therapeutin ein gutes Gespür, und nach und nach deckten wir ein paar Dinge auf, an denen ich arbeiten konnte. Sie war es auch, der ich erstmals die Geschichte bis ins kleinste Detail erzählte – die Geschichte vom Fotoshooting. Die hilflosen Stunden im Hotelzimmer noch einmal so detailliert zu erleben, war eine Qual, aber meine Therapeutin half mir Stück für Stück, diese Geschichte als Teil meiner Entwicklung zu erkennen. Ohne dieses Erlebnis wäre ich nicht die Person, die vor ihr saß. Ich wäre nicht hier in Münster. Hätte nicht den Auszug gewagt, mich vielleicht nie selbstständig gemacht und hätte mit Sicherheit auch nicht Niklas kennengelernt. Sie nahm mir einen Teil der Scham- und Schuldgefühle von damals, die so schwer auf mir lasteten. Ich hatte diese Erinnerungen so tief in mir vergraben, dass sie nicht hatten heilen können. Gemeinsam setzten wir meine Welt wieder zusammen. Stück für Stück, Gespräch für Gespräch. Ich verstand mich selbst immer besser, konnte nach und nach erkennen, warum ich mich hier und da so oder so benahm, so oder so dachte. Nach einigen Terminen waren wir so weit, dass sie mir mit Sicherheit bestätigen konnte, hier bei ihr und in dieser Praxis absolut richtig zu sein und dass wir nun den nächsten Schritt gehen konnten: Medikation.

Obwohl ich so viel über ADHS gelesen hatte, war das Thema Medikation auf einmal neu für mich. Ich war so damit beschäftigt gewesen, Angst davor zu haben, weggeschickt und nicht ernst genommen zu werden, dass ich gar nicht darauf eingestellt war, dass mir ja vielleicht wirklich ein Medikament dabei helfen konnte, mein Leben wieder auf die Reihe zu kriegen. Wir sprachen lange über die Medikamente, die mir in Zukunft hoffentlich meinen Alltag erleichtern würden. Sie erklärte, was diese Medikamente in meinem Kopf machten und wie sie wirkten. Sie malte viele Dinge auf, die ich nicht verstand. Ich nickte aber immer eifrig und warf ab und zu ein zustimmendes „mmh hmm" ein. Das kannte ich noch aus meiner Schulzeit, etwas anderes hatte ich dort ja auch nicht gemacht. Nach dem finalen Kopfnicken meinerseits verließ ich die Praxis mit einem Rezept, an das ich mich festklammerte, als würde mein Leben davon abhängen. Das Gefühl der Dramatik wurde noch verstärkt, als die Apothekerin leise und geheimnisvoll murmelte, dass sie in den Keller gehen müsse, um die Tabletten aus einem Spezialschrank zu holen, da dieses Medikament unter das Betäubungsmittelgesetz falle. Alter Schwede.

Zurück zu Hause zitierte ich Eddie Vedder auf meinem Blog.

Leave it to me as I find a way to be
Consider me a satellite forever orbiting
I know all the rules
but the rules did not know me

Eddie Vedder – Guaranteed

Da lag sie nun vor mir. Eine kleine, unscheinbare Tablette. *Wird sich jetzt mein Leben ändern? Werde ich gleich eine krasse Veränderung wahrnehmen? Kann ich gleich strukturiert denken? Fokussiert arbeiten?* Ich hatte hohe Erwartungen und gleichzeitig Angst. Das da vor mir war keine Kopfschmerztablette. Die Dosierung war minimal, trotzdem war es Medikinet adult, ein Retardpräparat, Methylphenidat. „Retard" bedeutet, dass die kleinen Kügelchen in der Kapsel sich zu unterschiedlichen Zeiten im Magen auflösen und die Wirkdauer des Medikaments somit verlängert wird. Es bedeutet aber auch, dass der Körper und die Psyche damit einiges zu tun haben – und das sollte ich bald zu spüren bekommen.

Die ersten Minuten nach der Einnahme verstrichen und ich war unfassbar nervös. Nachdem die erste Stunde ohne wahrnehmbare Wirkung verstrichen war, versuchte ich, mich abzulenken und fing an, E-Mails zu beantworten. Nach einer weiteren Stunde sah ich auf die Uhr und merkte noch immer nichts. Ich war enttäuscht und versuchte weiter, mich mit Arbeit abzulenken. Dass ich gerade wirklich fokussiert arbeitete, war mir gar nicht bewusst. Ich nahm es als normal hin. *Mache ich doch eigentlich jeden Tag – oder nicht?*

An diesem Abend ging ich in den Supermarkt – immer noch fest davon überzeugt, dass dieses Medikament Murks war. Ich war wütend und enttäuscht. Schon nachmittags hatte ich diese Wut aufsteigen gespürt, die ich so von mir gar nicht kannte. An der Supermarktkasse wurde ich mit jedem Piepen des Scanners unruhiger.

Was ist denn hier los? Warum bin ich so krass genervt? Warum sind die Leute um mich herum so furchtbar ätzend und laut, wieso ist das Licht so nervig?

Ich war völlig überfordert davon, meinen Kram aufs Band zu packen, fühlte mich hektisch und gedrängt, beobachtet, gehetzt.

Was ist denn los mit mir und WER STELLT ENDLICH DIESES FÜRCHTERLICHE PIEPEN AUS?!

Ich hätte auf der Stelle heulen, schreien oder beides gleichzeitig tun können und wollte einfach nur noch raus aus dem Supermarkt. Hektisch kramte ich mein Geld aus dem Portemonnaie, zahlte, warf meinen Einkauf in die Tasche und verließ überstürzt den Laden.

Was war da gerade passiert? Einkaufen war noch nie meine Spezialität gewesen, aber es hatte mich noch nie so aus der Bahn geworfen. Erst auf dem Nachhauseweg fiel mir das Medikament wieder ein, das ich am frühen Nachmittag genommen hatte. Ich hatte keine Wirkung bemerkt, aber mir wurde klar, dass ich merkte, wie sie nachließ. Gerade eben im Supermarkt kam die Reizfilterschwäche, die den ganzen Tag über irgendwie etwas in Vergessenheit geraten war, mit voller Wucht zurück.

Die unbestreitbare Gewissheit, dass das Medikament gewirkt hatte, musste ich erst mal verdauen. Ich hatte eine Stunde lang E-Mails beantwortet, ohne mich zwischendurch stundenlang und ziellos mit *Facebook* abzulenken. Ich hatte ein paar Bilder bearbeitet, Anfragen beantwortet und sogar zwei Rechnungen überwiesen. Natürlich hatte ich auch hier und da auf mein Handy geguckt oder durch *Facebook* gescrollt, mich aber nie darin verloren wie sonst. Ich war mir sicher: Das war der Anfang von etwas Neuem. Alles würde gut werden.

Von der Theke ins Villenviertel

Nach einigen Monaten hatte ich keine Lust mehr, nachts in der Bar zu arbeiten, kündigte aber erst, als ich von einem Stammgast am Tresen ein verlockendes Angebot für einen neuen Nebenjob bekam. Ich kannte den Gast schon etwas länger und konnte ihn mir als Chef gut vorstellen. 13,50 Euro die Stunde als Fahrradkurierin klang verlockend – und so schwer konnte das ja nicht sein. Eine Woche lang fuhr ich mit meinem klapprigen Fahrrad und schmerzendem Hintern quer durch Münster, kassierte Blasen an Stellen, an denen ich niemals zuvor Blasen gehabt hatte, und nahm den Sonnenbrand meines Lebens auf Nacken und Schultern mit. Als ich mich leider recht zeitnah nach der Einarbeitung krankmelden musste, weil ich mir eine ziemlich fiese Nasennebenhöhlenentzündung eingefangen hatte, wurde mir sofort gekündigt. Mein neuer Arbeitgeber unterstellte mir, nach einer Woche schon zu faul zum Arbeiten zu sein. Ich fühlte mich ziemlich vor den Kopf gestoßen. Ich hatte doch nur mein Bestes gegeben und war nun mal wirklich krank. Keine Ahnung, was mein Chef in der Vergangenheit für Erfahrungen hatte machen müssen, aber ich hatte keine Lust, zu erklären, dass ich in dieser Verfassung wirklich nicht arbeiten konnte. Um ehrlich zu sein, kam mir die Kündigung sogar ganz gelegen, denn der Job war unerwartet knochenhart gewesen. Das hätte ich sehr wahrscheinlich eh nicht lange durchgehalten. Dann sollte es halt so sein. Allerdings bekam ich für meine Woche Arbeit auch kein Geld, der Job in der Bar war bereits gekündigt und zurück wollte ich auch nicht. Mist.

Das fiese Novemberwetter ging auch ohne Kurier-Nebenjob in den Advent über. Weihnachten stand vor der Tür und ich hatte schließlich noch einen richtigen Job, den ich ausüben sollte. Vielleicht würde ich mich in der Wintersaison ausnahmsweise auf diesen konzentrieren.

Ein weißes *Ikea*-Bett mit weißer Bettwäsche und ein hübsches Fenster mit einer weißen Gardine in meinem WG-Durchgangszimmer waren meine Hauptrequisiten für Schlechtwettertage, an denen ich mit meinen Kunden und Kundinnen nicht im Freien fotografieren konnte. In einer meiner E-Mail-Anfragen-beantworten-Fokus-Zeiten – die Medikation macht's möglich – hatte ich Shooting um Shooting in der Adventszeit vereinbart. Dementsprechend klingelte es im Stundentakt an unserer WG-Tür und Mädels, die zu Weihnachten schöne Fotos von sich verschenken wollten, standen mit vielen Tüten und Taschen bepackt in meinem improvisierten Fotostudio. Wenn ich fragte, was sie sich ungefähr vorstellen würden, hörte ich immer öfter: „So wie die Bilder auf deinem Blog!"

Das erstaunte mich, denn bis zu dem Zeitpunkt hatte ich den Blog nie groß beworben. Aus irgendeinem Grund war mir das immer unangenehm gewesen. Es gab so viele fiese Stimmen in meinem Kopf, die mir einreden wollten, meine Selbstporträts seien als selbstständige Fotografin unprofessionell oder ich könnte eingebildet rüberkommen. Abgekürzt sagten meine Selbstzweifel: „Du bist peinlich" oder „Das macht man nicht". Aber mit jedem Kompliment zu den Bildern auf meinem Blog wurden die Stimmen nun leiser.

Finanziell war ich weiterhin ständig knapp bei Kasse und musste mir eingestehen, dass es so ganz ohne Nebenjob dann doch noch nicht funktionierte. Wie immer geriet ich durch Zufall an meinen nächsten Job: Mittagsschicht im Hipster-Café. Eingefädelt während eines Shootings, weil jemand jemanden kannte, der jemanden kannte, der Hilfe brauchte. Mittagsschicht bedeutete, dass man den Laden weder auf- noch abschließen musste und auch nicht aufräumen oder die Kasse zählen musste, was mir sehr entgegenkam. Außerdem war das Café während der Mittagsschicht immer gut besucht, so ging die Zeit schnell rum und es gab wieder das sehnlichst vermisste Trinkgeld aus meinen Hafenbar-Zeiten. Leider nicht so viel wie am Abend mit betrunkenen Gästen, aber immerhin etwas. Dieser Job war erst mal eine gute Lösung für mich und außerdem war ich immer mit der hippen Szene aus Münster in Kontakt, die ein und aus ging. In dem Café merkte ich erst, was mir in der Selbstständigkeit so sehr gefehlt hatte: ein Team. Menschen, die man täglich um sich hat, ohne viel Energie in die Organisation und Kontaktpflege investieren zu müssen. Beides fiel mir nämlich sehr schwer. Durch diese neuen Kontakte kamen tatsächlich hier und da ein paar Foto-Jobs zustande und ich reiste sogar einmal bis nach Helgoland, um dort zu fotografieren. Ich nahm einige Aufträge an, über die ich heute nur schmunzelnd den Kopf schütteln kann, aber zu dieser Zeit hatte ich nicht das Privileg, wählerisch zu sein. Nur Aktfotos waren für mich weiterhin tabu.

Über den Fotografen, mit dem ich mir einige Monate das Studio am Hafen geteilt hatte, wurde ich Teil des Fotografen-Stammtisches in Münster. Das waren schöne Treffen und ich war froh, dass wir in Münster alle so harmonisch miteinander – und nicht gegeneinander – arbeiteten. Sehr kollegial fand ich auch, dass wir untereinander die ein oder andere Jobanfrage weitergaben, wenn sie nicht so recht zu uns passte oder jemand an diesem Tag schon ausgebucht war. So fiel mir eine Anfrage in den Schoß, bei der ich im ersten Augenblick dachte: „Das kann ich nicht!" Dann war ich aber doch zu neugierig, um es nicht wenigstens auszuprobieren. Bei dem Job ging es um Immobilienfotos, die dann auf einer der gängigen Plattformen veröffentlicht werden sollten. Der Auftraggeber war ein bekanntes Maklerbüro und der Grad der Professionalität schüchterte mich wahnsinnig ein. Mit meinen rosa getönten Haaren fühlte ich mich auf einmal unseriös. Um nicht sofort abgewiesen zu werden, setzte ich mir zum Kennenlerntermin im Maklerbüro eine meiner Foto-Perücken auf. Ganz ehrlich: Sie war wahrscheinlich sehr viel auffälliger als meine rosafarbenen Haare. Das braun gelockte Kunsthaar reichte mir fast bis zum Bauchnabel und glänzte in der Sonne auffällig stark. Wahnsinn, wozu einen Selbstzweifel und Existenzängste treiben können. Trotz meines fragwürdigen ersten Eindrucks hatte ich den Job in der Tasche und machte zum ersten Mal die Erfahrung, dass man sich tatsächlich auch zu viel Mühe geben kann. Ich lernte, dass es nicht immer gut ist, wenn Bilder zu perfekt aussehen – zumindest nicht in der Immobilienbranche. Meine Fotos von der ersten Wohnung sahen im Endeffekt so strahlend schön aus, dass die Erwartungen der Interessenten, die die Bude dann in echt besichtigten, nicht erfüllt wurden. Beim nächsten Mal solle ich mir bitte etwas weniger Mühe geben, lautete das Feedback. Aber sie hatten „beim nächsten Mal" gesagt und ich war trotz der Kritik unfassbar stolz.

Ich hatte mich etwas getraut. Hatte dem ersten „kann ich nicht"-Impuls getrotzt und war plötzlich drei bis fünf Mal im Monat in ganz Münster unterwegs, um Immobilien zu fotografieren – und wurde dafür auch noch gut bezahlt. Zum ersten Mal konnte ich ein bisschen mit meinem Geld planen und gewann gleichzeitig einen Einblick in das Leben der Menschen, die ich damals als „reich" betitelt hätte. Meine Shooting-Locations waren nämlich meist keine Zweizimmerwohnungen, sondern schicke Villen und Bungalows mit Poolhäusern oder gleich einem ganzen Wellnessbereich im Keller. Einmal durfte ich sogar einen großen Reiterhof inklusive der Stallungen und Wohnhäuser fotografieren.

Es kam durchaus vor, dass ich bei dem einen oder anderen Objekt dachte, dass ich auch gerne mal so leben würde. Aber durch die Gespräche zwischen den Maklern und Maklerinnen und den Eigentümern und Eigentümerinnen, die meist mit dabei waren, wenn ich fotografierte, hörte ich auch viele traurige Geschichten. Jedes Haus, das zum Verkauf stand, warf auch immer ein großes Warum auf, das mir beim Fotografieren der verschiedenen Räume auf Schritt und Tritt folgte. Warum wurde dieses Haus verkauft? Was auf den ersten Blick stilvoll und wunderschön wirkte, erzählte auf den zweiten Blick nicht selten die Geschichte einer zerbrochenen Liebe oder eines Abschieds. Heute bin ich froh, auch diese Seite kennengelernt zu haben, denn so konnte ich hautnah erleben, dass Geld oder Besitz allein nicht glücklich machen, wenn die Liebe fehlt.

The show must go on

Niklas beendete den Nebenjob, für den er die vergangenen Monate nach Düsseldorf gependelt war, und war somit Vollzeit zurück in Münster. Sein Mitbewohner war in der Zwischenzeit ausgezogen, sodass in der WG ein Zimmer frei wurde. Durch meine regelmäßigen Einnahmen, die ich mit der Immobilienfotografie erzielte, war ich wieder in der Lage, mir einen Raum zum Fotografieren anzumieten, und so zog ich kurzerhand mit meinem kleinen *Lichtpoesie*-Studio aus dem Durchgangszimmer meiner WG rüber in Niklas' Wohnung. Diese lag nur circa 200 Meter um die Ecke – ein Katzensprung. Wir sahen uns ab sofort jeden Tag und ich verließ mein kleines Studio nur, um mal eben schnell Zahnpasta zu holen, eine Packung Nudeln aus meiner Vorratsschublade zu kramen oder noch mehr Klamotten zum Wechseln rüberzutragen. So zog Stück für Stück der gesamte Inhalt meines kleinen Durchgangszimmers mit um die Ecke zu Niklas. Mein angemietetes Studiozimmer blieb Studio, das andere Zimmer wurde zu unserem gemeinsamen Wohn- und Schlafzimmer und gleichzeitig auch zu Niklas' ganz persönlicher Lernhölle, denn er steckte noch immer mitten im Repetitorium. Als Außenstehende war es sehr erschreckend, mit anzusehen, was so eine Lernphase mit einem Menschen machen kann – psychisch wie physisch. Der Stress war ihm deutlich anzusehen und ich spürte, wie er sich quälte, während ich im Nebenzimmer in meiner Arbeit aufging.

Ganz unbewusst entwickelte sich eine Dynamik, in der sich Niklas immer weiter von seinem strukturierten und diszipliniertem Jurastudenten-Tagesablauf entfernte und ich ihn mehr und mehr in meine Welt zog. Er übernahm erst kleine Aufgaben, für die ich keine Geduld hatte, wie Rechnungen schreiben oder Tabellen anlegen. Da er mehr und mehr Begeisterung für das zeigte, was ich tagtäglich machte, wurde er ganz automatisch ein fester Bestandteil meiner Arbeit und meines Tagesablaufs. Schon bald waren wir ein unschlagbares Team – Jura rückte erst mal sehr weit in den Hintergrund. Neben den bürokratischen Aufgaben interessierte sich Niklas vor allem auch für den kreativen Teil meiner Arbeit. Ich brachte ihm das Fotografieren bei, er lernte schnell und zeigte zu meiner riesigen Freude große Leidenschaft und Talent. Mit den Kameras ausgestattet, waren wir nun ständig gemeinsam unterwegs – auf der Jagd nach schönen Locations und schönem Licht. Aus dem Blog *Odernichtoderdoch – eine Welt voller Wunder*, der anfangs nur aus Selbstporträts und zitierten Songtexten bestand, wurde bald ein richtiger Lifestyle-Blog mit umfangreichen Fotostrecken, die ich nun auch aktiv auf meiner *Facebook*-Seite *Lichtpoesie* bewarb. Der Blog war innerhalb kürzester Zeit, nachdem immer mehr positives Feedback von neuen Klienten und Klientinnen kam, ein fester Bestandteil meiner Selbstständigkeit geworden. Nun fanden dort nicht mehr nur persönliche Texte über meine Gefühlswelt und Selbstzweifel statt, sondern gleichzeitig diente der Blog als Einblick in meinen Stil für die Dienstleistungs-Fotografie. Durch das Verlinken des Blogs zu *Facebook* und umgekehrt wuchs meine Reichweite täglich. Den Job im Café brauchte ich nicht mehr. Zeitlich waren die Schichten auch nicht mehr machbar für mich, denn tagsüber war ich komplett damit ausgelastet, Shootings mit Kund*innen zu machen oder Fotostrecken für meinen Blog zu fotografieren, Bilder zu bearbeiten oder Texte zu schreiben und Nachrichten zu beantworten. Ich war nun wirklich das allererste Mal selbstständig. Und zwar ausschließlich, ganz ohne Nebenjob – nehmt das, Selbstzweifel!

Der Einzug der Feenkleider

Als ich die erste E-Mail in meinem Postfach fand, in der eine Firma mir anbot, dass ich mir umsonst ein paar Klamotten für meine Fotoshootings aussuchen könne, dachte ich erst, das sei eine dieser Spam-Mails mit dem Versprechen: „Sie haben eine Million Euro geerbt, klicken Sie einfach auf diesen Link." Es klang zu schön, um wahr zu sein, aber zufällig hatte Niklas gerade Besuch von einem Kumpel, der besser Bescheid wusste als wir: „Ich habe eine Freundin, die macht das hauptberuflich! Sie wird sogar dafür bezahlt, dass sie die Klamotten zeigt." Mein Interesse war geweckt und ich wollte mehr wissen. Gemeinsam schauten wir uns zuerst den Blog der besagten Freundin an und dann meinen. Niklas' Kumpel hatte sogar ein paar Zahlen vom Blog seiner Freundin im Kopf: Seitenaufrufe, Followerzahl, Kommentare, *Facebook*-Fans. Mit ein paar Klicks landeten wir im Backend meines eigenen Blogs und schauten erstmals auf die fein säuberlich aufgelisteten Statistiken. Wir waren alle drei fassungslos – der Blog, den ich immer nur aus Spaß mit Fotos, Songtexten und kleinen Geschichten über meine Selbstständigkeit befüllt hatte, war anscheinend gar nicht so unbekannt, wie ich immer dachte.

Bis zu diesem Moment hatte ich das Wachstum immer nur an der steigenden Anzahl der Kommentare bemessen und nie darüber nachgedacht, dass man auch einem Blog folgen und ihn abonnieren konnte. Meine Aufrufzahlen überschritten die der hauptberuflichen Bloggerin um ein Dreifaches!

Es war mal wieder einer dieser Tage, die alles verändern. Da war eine neue Tür, die gerade unverhofft aufgeschwungen war. Wir fühlten uns, als hätte jemand neben uns einen riesigen Gong geschlagen. Niklas und ich waren plötzlich hellwach, völlig begeistert und wollten ab sofort auch professionell bloggen!

Noch in der gleichen Nacht fing ich an, meinen Blog mit HTML-Codes, die ich irgendwo im Internet fand, per Copy-and-paste zu pimpen. Mein euphorischer Tatendrang führte kurzzeitig dazu, dass ich den kompletten Blog crashte und nachts um 3 Uhr panisch heulend zu Niklas ins Schlafzimmer rannte. Irgendwie schafften wir es dann gemeinsam, alles wieder in den ursprünglichen Zustand zu bringen, bevor die Follower*innen morgens nichts ahnend die Katastrophe zu sehen bekamen. Seitdem war ich dann etwas vorsichtiger im Backend unterwegs und beschloss, Dinge wie einen Template-Wechsel vielleicht doch an jemanden zu geben, der Ahnung von dem hatte, was er oder sie tat.

Bestärkt von meinen neuen Erkenntnissen über die Blogger-Szene, beantwortete ich die E-Mail mit dem Klamotten-Angebot und schickte drei Links mit meinen Wunschkleidungsstücken mit. Meine Favoriten waren eine rosa Jacke, ein beiger Pulli und als Accessoire eine Statement-Kette. Ich war fest davon überzeugt, dass entweder nichts davon je bei mir ankommen würde, oder wenn doch, dann mit einer Rechnung. Als ein paar Wochen später tatsächlich ein Päckchen für mich mit genau diesen drei Teilen ohne beiliegende Rechnung ankam, war ich überrascht und euphorisch – das klappte ja wirklich!

Noch heute liebe ich die Fotostrecke mit meinen ersten Kooperationsteilen sehr, denn diese Bilder waren nur der Beginn einer Reise in eine fantastische neue Welt.

Schon bald verwoben sich die Tagesabläufe von Niklas und mir untrennbar. Wir erkannten, dass es gerade unsere Gegensätze waren, die uns gemeinsam stark machten und dass wir auf einmal neue Träume hatten, die erst dadurch erreichbar schienen, weil wir sie gemeinsam träumten. Wir waren Herz und Kopf, Joana und Niklas, das Team *Lichtpoesie*. Niklas' Jurastudium rückte noch eine Ebene weiter in den Hintergrund, so berauscht waren wir von dieser neuen Welt, die vor uns lag.

Dass ich Kleidung für Fotos geschenkt bekam, wurde schnell zur Normalität und ich war so glücklich, wie lange nicht mehr, weil mich meine Arbeit und meine Beziehung so umfassend erfüllten. Ich fand immer mehr zu einer Bildsprache, mit der ich mich wohl und angekommen fühlte, und hatte durch die tollen Kleider auf einmal ganz neue Möglichkeiten, mich künstlerisch auszuleben. Auch für meine Kundinnen waren die neuen Kleidungsstücke von Vorteil, weil ich nun eine große Auswahl für unsere Shootings zur Verfügung hatte, was schnell zu meinem Markenzeichen wurde. Mit den wachsenden Requisiten verwandelte sich unser Schlafzimmer ziemlich schnell zum Schlafschrank und Zweisamkeit gab es nur noch umgeben von pastellfarbenen Kleidern in jeder Form und Farbnuance.

Mit der Professionalisierung meines Blogs und meiner Foto-Dienstleistung hatten wir keinen Stein ins Rollen gebracht, sondern eine Lawine ausgelöst. Meine Selbstständigkeit umfasste nun mein Fotografie-Einzelunternehmen *Lichtpoesie* und daneben den Blog *Odernichtoderdoch*, den wir täglich mit Fotos und meinen Texten befüllten. Ich fotografierte als Dienstleisterin

Privatshootings, Hochzeiten und Innenarchitektur. Niklas ermutigte mich außerdem dazu, meine Art des Fotografierens in Workshops weiterzugeben, und vermittelte mir durch seine Jura-Kontakte zusätzlich den einen oder anderen unbezahlten, aber coolen Job – das Portfolio und meine Kenntnisse sollten sich schließlich weiterentwickeln. Ich arbeitete bis tief in die Nacht, um all das irgendwie hinzubekommen. Zu dem beruflichen Stress kam noch hinzu, dass ich weiter meine Therapiestunden besuchte. Dass ich mein neues Medikament nicht gut vertrug, blieb am Anfang unbemerkt, weil ich die Nebenwirkungen einfach als Zeichen von Stress einstufte, der sich gerade nun mal nicht vermeiden ließ. Diese Fehleinschätzung war fatal, denn ich war durch das Medikament einfach nicht mehr ich selbst. Ich verlor meinen Appetit und dadurch auch zu viel Gewicht, hatte starke Einschlafprobleme, war launisch und hatte zeitweise richtige Wutanfälle, die meistens gegen mich selbst gerichtet waren. An vielen Tagen wollte ich am liebsten allein sein, mich in einer Gummizelle einschließen und gegen die Wände boxen, die Welt anhalten und einfach nur schreien. Es ging mir überhaupt nicht gut. Um mich herum und in mir drin war alles zu viel geworden. Diese mir völlig neuen Emotionen in einer unberechenbaren Intensität gingen mir und der Beziehung stark an die Substanz.

Uns wurde klar, dass es so nicht weitergehen konnte. Alles drohte unter der Lawine zusammenzubrechen. Ich drohte zusammenzubrechen – doch dafür blieb wirklich keine Zeit.

Nun war es schon wieder fast Sommer, die nächste Hochzeitssaison stand in den Startlöchern und bereits vor Ewigkeiten hatte ich einer Schülerpraktikantin zugesagt, dass sie meinen Alltag zwei Wochen lang begleiten dürfe. Der Zeitpunkt hätte nicht ungünstiger sein können, dachte ich. Aber ich wusste selbst, wie schwierig es war, einen vernünftigen Praktikumsplatz zu bekommen, und ich wollte nicht, dass sie zwei Wochen lang stumpf in irgendeinem Fotoladen Bilderrahmen etikettierte.

Also riss ich mich zusammen.

Nina war damals 15 Jahre alt und brachte ab dem ersten Tag, den sie bei uns war, meine Motivation zurück. Dieses Mädchen war für ihr Alter unglaublich weit. Offenherzig, witzig und unfassbar talentiert mit der Kamera. Sie war laut und lebensfroh – und das war genau das, was mir gerade fehlte. In diesen zwei Wochen zog sie mich aus dem Sumpf, ohne es zu wissen. Ich konnte wieder lachen, wieder Pläne schmieden und endlich wieder mit Herz fotografieren. Die täglichen Kopfschmerzattacken wurden immer seltener.

Nina weckte etwas in mir, das ich so schon lange nicht mehr gefühlt hatte: Verantwortungsbewusstsein. Ich ging komplett darin auf, jemandem etwas beizubringen und Teil eines Teams zu sein – meines Teams. Ich war anscheinend gar nicht die Einzelkämpferin, für die ich mich gehalten hatte.

Wir werden Team Lichtpoesie

Nach den zwei Wochen mit Nina war Niklas und mir klar, dass wir allein nicht weiterkamen, uns Unterstützung wünschten und sie auch unbedingt brauchten. Vor allem für mich. Da es mir durch die kurze Zeit mit Nina sichtlich besser ging, wollten wir nicht riskieren, dass sich mein Zustand wieder verschlechterte, und so machte ich noch am selben Tag über *Facebook* einen Aufruf: Jahrespraktikant*in gesucht.

Solche Entscheidungen reiften in Niklas und mir nicht über Wochen heran, wir schliefen nicht ein paar Nächte darüber oder diskutierten Pros und Contras – solche Entscheidungen trafen wir aus dem Bauch heraus und setzten sie sofort um. „Ja, gute Idee, das machen wir!" – zack, erledigt. *Facebook* war für uns und unsere impulsiven Entscheidungen einfach die richtige Plattform.

Wenige Wochen und einen Kennenlerntermin später saß Natasha mit Niklas und mir in unserem *Lichtpoesie*-Studio. In unserer Privatwohnung, versteht sich. Sie war die erste und einzige Bewerberin, die ich mir ansah.

Jau, passt alles, kann ja nicht viel schiefgehen, die klingt nett – eingestellt.

Natasha war 18 Jahre alt, nur fünf Jahre jünger als ich, kam aus Münster und wohnte noch bei ihren Eltern. Sie hatte einen eigenen Blog, einen ausgefallenen Kleidungsstil und konnte eine Kamera bedienen. Ihren Schreibtischstuhl besorgten wir noch schnell bei *Ikea*, die Möbel in unserer Wohnung wurden etwas rumgeschoben und für mich gab es zum ersten Mal ein *MacBook*, damit Natasha meinen alten *iMac*, den ich mir während meiner Ausbildung über Monate zusammengespart hatte, übernehmen konnte.

Arbeit abzugeben, war neu und nicht einfach für mich, aber bald fanden Natasha und ich eine gute Arbeitsteilung. Sie übertrug die Fotos von den Speicherkarten und legte alle Bilder in Ordnern ab. Anschließend sortierte sie die unscharfen Bilder und Lichttests aus, markierte die Favoriten, erstellte Bildübersichten und verschickte diese zur Bildauswahl an die Kunden und Kundinnen. Wir zogen gemeinsam los, um Blogfotos zu machen und bei Shootings war sie stets dabei, um bei Outfit- oder Objektivwechseln zu assistieren oder einfach nur, um die

Taschen zu tragen und zuzusehen. Wir waren ein gutes Team und hatten Spaß bei der Arbeit.

Dadurch, dass Natasha jeden Morgen um 9 Uhr bei uns auf der Matte stand, waren Niklas und ich gezwungen, uns einen geregelten Tagesablauf anzugewöhnen und im besten Fall immer alles ordentlich zu halten – denn unsere Wohnräume waren gleichzeitig auch unsere Arbeitsräume, zu denen nun eine weitere Person Zugang hatte. Trotz unserer Bemühungen kam es nicht selten zu peinlichen Situationen. Natasha, vorbildlich pflichtbewusst, stand öfter mal überpünktlich vor der Tür – oder wir hatten einfach verschlafen – und dann wurde sie von Niklas mit Zahnbürste im Mundwinkel hektisch begrüßt, während ich peinlich berührt die liegengebliebenen Pizzakartons vom Vorabend wegräumte und die Fenster aufriss, um etwas Frischluft hereinzulassen.

Als sich diese unangenehmen Situationen häuften, in denen nicht nur Natasha, sondern auch die Kundschaft uns in unserer Chaosbude überrumpelte, merkten wir, dass es so nicht weitergehen konnte. Weder Niklas noch ich hatten in unserem Zuhause eine Rückzugsmöglichkeit. Für uns beide als Paar gab es sowieso schon lange keinen Platz und keine Zeit mehr, aber das hatte uns bisher irgendwie nicht gestört. So sehr wir uns auch von unseren Familien und insbesondere von unseren Freund*innen abgekapselt hatten, so sehr gingen wir in unserer Arbeit auf. Auch mit dem Wissen, dass das auf Dauer nicht gesund sein konnte. Wir vermischten Arbeit und Privates komplett und unser Chaos war schlichtweg unprofessionell. Außerdem hatten wir mittlerweile einfach zu viel Kram auf zu wenig Quadratmetern und platzten aus allen Nähten.

Mit dem Blog kamen neue Kontakte und Möglichkeiten, mit denen wir unser Platz-, Zeit- und Work-Life-Balance-Problem

lösen oder zumindest angehen konnten. Zwei unserer neuen Bekannten hatten die Blogger-Plattform *MyStyleHit* gegründet, bei
der auch ich damals mit meinem Blog angemeldet war und zah-
lenmäßig dort als eine der größten Bloggerinnen galt. Eines Tages saßen wir vier gemeinsam in dem Café, in dem Niklas und
ich uns vor gar nicht allzu langer Zeit ein zweites Mal über den
Weg gelaufen waren. Unsere beiden Bekannten bauten gerade
große Büroräumlichkeiten am alten Fischmarkt in der Innenstadt aus und hatten noch eine Ecke übrig, die sie uns nun für
eine kleine Summe vermieten wollten. Das war ein wirklich gutes
Angebot zur richtigen Zeit und für uns die Chance, diese neue
Welt noch ein bisschen besser kennenzulernen. So nah miteinander zu arbeiten, könnte für beide Parteien eine Win-win-Situation
darstellen, auch wenn unsere Firmenmodelle komplett unterschiedlich waren. Niklas und ich waren dabei, mit *Lichtpoesie* ein
klassisches und konservatives Familienunternehmen aufzubauen,
das organisch wuchs. Wir konnten nie mehr Geld ausgeben, als
wir einnahmen, hatten dafür aber auch niemanden, der uns Vor-
schriften machte. *MyStyleHit* war ein klassisches Start-up mit
einigen Investoren – dort gab es von Anfang an viel Geld und
genauso viel Druck, die Sache groß zu machen.

Nur wenige Wochen später zogen wir bei hochsommerlichen
Temperaturen zu den beiden Start-up-Gründern ins luxuriöse
Großraumbüro über den Dächern von Münster. Wir hatten ein
gutes Verhältnis zueinander und Niklas und ich bekamen durch
die Bürogemeinschaft auch ansatzweise mit, welche Schwierig-
keiten und Probleme ein Start-up und ein so großes Team, welches sie um sich versammelt hatten, mit sich brachte. Nie hätten
wir uns damals vorstellen können, selbst ein so großes Team aufzubauen, schon gar nicht innerhalb der nächsten Jahre – hach,
wir Ahnungslosen.

So arbeiteten wir also nun inmitten von schick angezogenen und motivierten Praktikant*innen aus dem Fashion-Bereich, die – im Gegensatz zu uns – sehr organisiert wirkten und sogar täglich ihr Mittagessen vorbereitet hatten. Schlabberpulli vs. It-Piece, Tiefkühlpizza vs. szeniges Meal Prep mit Namen, die mir damals noch völlig unbekannt waren. Niklas und ich waren froh, wenn wir es pünktlich zum Arbeitsbeginn von Natasha ins Büro schafften, überhaupt etwas Vernünftiges zum Essen in die Tasche gesteckt hatten, vorzeigbare Klamotten trugen und all das schafften, was im Terminkalender und auf der To-do-Liste stand. Dass die Büroräumlichkeiten sich außerdem nicht ganz so gut als Shooting-Kulisse eigneten, wie eine hübsch eingerichtete Wohnung, kam noch erschwerend hinzu. Ich organisierte meine Fotoshootings deshalb draußen und war damit stark wetterabhängig, sodass ich meine Termine häufig verschieben musste. Der Grundgedanke, Arbeit und Privates zu trennen und damit auch wieder einen Rückzugsort für uns als Paar zu schaffen, war gut. Aber der Plan ging nicht auf. Dadurch, dass der Druck fehlte, unser Chaos zu Hause für Natasha sowie für unsere Kunden und Kundinnen beseitigen zu müssen, wurde alles nur noch schlimmer und die Wohnung mutierte zu einem vollgestellten, rummeligen Ort, an dem wir schliefen, oder besser gesagt, erschöpft ins Bett fielen.

Die wie wild blinkenden Warnsignale in unseren Köpfen, die uns mitteilen wollten, dass wir diesen ungesunden Lebensstil nicht ewig so weiterführen konnten, bemerkten wir gar nicht. Oder wir ignorierten sie. Statt einen Hilfeschrei auszusenden, zitierte ich auf meinem Blog Avril Lavigne.

Oder war genau das der Hilfeschrei, den ich nicht selbst formulieren konnte?

I, I'll get by
I, I'll survive

When the world's crashing down
When I fall and hit the ground
I will turn myself around
Don't you try to stop me
I, and I won't cry

Avril Lavigne – Alice

Stress auf seinem Höhepunkt

Ich merkte sehr schnell, dass das Start-up-Gewusel und die Arbeit in einem Großraumbüro gar nichts für mich waren. Unsere Arbeitsecke war weder vor Blicken noch vor Lärm geschützt und wir waren stets „die anderen", an denen man auf dem Weg zum Klo oder in die Küche vorbeikam. Ich konnte mich nicht konzentrieren, verfiel wieder in meine alte Aufschieberei und konnte erst wieder kreativ arbeiten, wenn alle im Feierabend waren und ich das große Büro ganz für mich allein hatte. Dann machte ich Musik an, schob mir eine Tiefkühlpizza in den Ofen, zog meine Schuhe aus und konnte zum ersten Mal am Tag richtig durchatmen. Aber nicht zu lange – denn immerhin hatte ich tagsüber noch nichts geschafft und Menschen warteten auf Antworten auf ihre E-Mails, ich musste Bilder bearbeiten oder Rechnungen schreiben, meine Social-Media-Kanäle wie *Instagram* (die Plattform hatte zu dem Zeitpunkt allerdings noch nicht den Stellenwert von heute), *Facebook*, *YouTube* und mein Blog wollten befüllt werden, und irgendetwas musste immer für den nächsten Tag vorbereitet werden.

Zeitdruck war für mich schon immer der einzig wirksame Hebel für unliebsame Aufgaben gewesen, nur so schaffte ich es, mich ihnen zu widmen, bevor ich mich der Kreativität hingab. Die Nächte gehörten nur mir und nach dem Pflichtprogramm war *Pinterest* die Welt, in der ich stundenlang abtauchen und träumen konnte. Es gab noch so viele schöne Dinge, die ich gern lernen und umsetzen wollte. Nicht selten blieb ich an einem Bild oder einer Idee hängen und bestellte mir im Internet noch in derselben Nacht den Kram, den ich dafür brauchte. Ich übte Kalligrafie, versuchte mich an Stricken und Nähen und bemalte spontan nachts Jutebeutel mit einem Spruch, der mir gerade in den Sinn kam: „Was zählt, ist der Moment."

Ich baute diesen Beutel am nächsten Tag in meinen Outfit-Post auf dem Blog ein und fragte die Abonnent*innen aus einer Laune heraus, ob sie auch so einen Beutel haben möchten. Ich hatte auf meiner *Lichtpoesie*-Website zu dem Zeitpunkt bereits einen kleinen Shop, über den ich meine Foto- und Workshop-Gutscheine verkaufte. Da könnte ich den Jutebeutel auch einfach reinstellen. Gesagt, getan – zum Leidwesen von Niklas, der sich wortwörtlich über Nacht mit dem ganzen rechtlichen Kram auseinandersetzen musste, den meine spontane Idee mit sich brachte. Naja, er war schließlich der Jurist von uns beiden – würde er schon schaffen!

Dieser handbemalte Beutel war mein erstes richtiges Produkt, das ich jemals verkauft habe. Für 12 Euro. An diesem Preis war nichts kalkuliert, er kam einfach aus dem Bauch heraus. 12 Euro klang okay, machen wir so.

Ein paar Wochen – oder waren es Monate, alles fühlte sich langsam und unglaublich schnell zugleich an – arbeitete ich also bis tief in die Nacht hinein und schlurfte dann mal wieder todmüde zwischen den ganzen feierwütigen Studierenden durch die Innenstadt nach Hause. Am nächsten Morgen fiel es mir dann natürlich schwer, aufzustehen und um 9 Uhr pünktlich zu Natashas Arbeitsbeginn im Büro zu sein. Nicht selten kapitulierte ich und schlug erst zwischen 12 und 13 Uhr bei meiner Praktikantin auf. Aufträge vor 13 Uhr nahm ich schon gar nicht mehr an, das war absolut nicht machbar für mich. Ich war gefangen in einem wirklich fiesen Rhythmus, der sich außerdem so gar nicht mit meinen Medikamenten vereinbaren ließ. Durch die späte Einnahme hatte ich zu den normalen Essenszeiten keinen Hunger, ich bekam ständig Herzrasen und spürte immer stärker diese Wut in mir. Ich kam einfach nicht runter und fühlte mich durchgehend wie auf einer viel zu lauten Technoparty. Wenn ich dann endlich im Bett lag, war ich noch stundenlang wach, bevor ich am nächsten Tag wieder in mein Hamsterrad kletterte.

Meine arme Praktikantin musste sich meist selbst beschäftigen und war wahrscheinlich in meiner Abwesenheit hauptsächlich mit ihrem eigenen Blog und ihren *YouTube*-Playlisten beschäftigt. Mir fehlten die nötige Autorität und das Selbstbewusstsein, um mit ihr über die Situation zu sprechen, also schwiegen wir darüber und ließen alles so laufen, was mich unheimlich belastete. Ab und zu gab ich Natasha aus einem Verantwortungsgefühl heraus irgendwelche Aufgaben, aber das war mehr eine Beschäftigungstherapie. Ich war oft nicht zufrieden mit dem Ergebnis, scheute mich aber vor der Konfrontation und ärgerte mich einfach über mich selbst und meine Unfähigkeit als Chefin. Ihre Schuld war es definitiv nicht.

Als das Weihnachtsgeschäft begann und auch Niklas' Staatsexamen so nah rückte, dass er es nicht weiter ignorieren konnte, waren wir auf einem ganz neuen Stresslevel angelangt, der psychisch und physisch seinen Tribut zollte. Tagsüber absolvierte ich ein Shooting nach dem anderen, während Niklas phasenweise lernte oder erneut für einen Nebenjob bei einer Versicherung nach Düsseldorf pendelte. Nachts trafen wir uns im Büro und erledigten die nötigsten Dinge. Niklas versuchte, noch ein wenig zu lernen und schlief nicht selten einfach über seinen Büchern oder unter dem Schreibtisch ein. Wir schleppten uns tief in der Nacht oder früh am Morgen in dem Wissen nach Hause, keine vier Stunden Schlaf zu bekommen, bevor alles wieder von vorne begann.

In einer dieser Nächte, in denen wir uns mit halb geschlossenen Augen nach Hause schleppten, erwartete uns ein riesiges Paket an der Wohnungstür. Ich hatte nichts bestellt und auch keine Ahnung, was das sein könnte. Völlig übermüdet und mental kaum anwesend, öffnete ich den Karton schon im Hausflur und wusste noch immer nicht, was darin stecken könnte. Verwundert holte ich schließlich eine wunderschöne *Ikea*-Deckenlampe und einen Brief aus dem Karton, an dem ein kleiner Holzanhänger in Form eines Schutzengels hing. Das Paket kam von einer Leserin meines Blogs. Ohne große Erwartungen fing ich an zu lesen – und was ich las, ließ meine Welt für ein paar Minuten komplett zusammenbrechen. Alles stürzte über mir ein und ich brach an Ort und Stelle weinend zusammen. Ich konnte überhaupt nicht mehr aufhören und kaum noch atmen. Mein ganzer Körper wurde von Schluchzern geschüttelt. Ich hatte einen kompletten Nervenzusammenbruch – ausgelöst durch die Worte einer völlig Fremden. Jemand hatte in meinem Blog zwischen den Zeilen gelesen und noch vor mir selbst erkannt, wie schlecht es tatsächlich gerade um mich stand.

Diese Lampe hatte ich vor Monaten in einer Wunschliste für Weihnachten erwähnt und die Leserin hatte sie sich für ihre neue Wohnung gekauft, fand aber, dass sie viel besser zu mir passte und für mich leuchten sollte.

Ihr Paket war das wunderschönste und herzlichste Weihnachtsgeschenk, das ich je bekommen habe, und mir wurde erst in diesem Moment so wirklich bewusst, dass die Menschen, die hinter der Followerzahl steckten, echt waren. Dass da Menschen waren, denen ich nicht egal war, die an mich glaubten und sich sogar um mich sorgten. Dieses Ereignis war für mich und meine Arbeit als Bloggerin prägend. Eine große Community im Internet zu haben, war mächtig, es bewirkte etwas – und das nicht nur einseitig. Ich hatte etwas ganz Wunderbares, etwas Wertvolles geschaffen und es nicht mal gemerkt. Die Followerin lag mit ihren Worten völlig richtig – ich musste wirklich besser auf mich aufpassen und ihr kleiner Schutzengel würde mir dabei helfen.

Die Weihnachtstage mit der Familie waren unsere Rettungs-
insel bei all dem Stress. Ich war mittlerweile so dünn, dass man
meine Rippen mit Leichtigkeit abzählen konnte. Meine Haut war
schlecht, ich war psychisch labil und meine Augenringe waren so
tief wie nie zuvor. Wieder einmal war ich dankbar für meine
wundervolle Familie, die Niklas und mich einfach auffing und
aufpäppelte, ohne uns Vorwürfe bezüglich unseres Lebensstils zu
machen. Sie waren stolz auf uns. Natürlich auch besorgt, aber sie
standen hinter jedem Schritt, den wir gingen und hinterfragten
unsere Entscheidungen nie – zumindest nie so, dass wir es mit-
bekamen. Dafür bin ich sehr dankbar – und ich bin mir sehr
sicher, dass diese bedingungslose Unterstützung maßgeblich für
die noch folgende Firmengeschichte war.

2014 – ein neues Jahr, eine weitere Veränderung

Unser Neujahrsvorsatz stand fest: Es musste sich nun wirklich
nachhaltig etwas zum Besseren verändern, nicht einfach nur *irgendwie* verändern. So trafen wir mal wieder ein paar Hauruck-
Entscheidungen, um unser Leben zu ändern. Wir zogen noch
im Januar bei *MyStyleHit* aus und mieteten unsere ersten eigenen Büroräumlichkeiten. Das neue *Lichtpoesie*-Studio war eine
Zweizimmerwohnung etwas außerhalb der Stadt. Erstbezug,
Erdgeschoss und komplett leer. Keine Küche, kein gar nichts –
aber nur für uns allein. Wir fühlten uns schlagartig wie König
und Königin und träumten davon, mit so viel Platz jahrelang

auszukommen. Hier hatten wir endlich unsere Ruhe, unseren eigenen Raum zum Ankommen.

Mit der Miete für ein eigenes Studio hatten wir uns allerdings auch ein paar neue Kosten aufgehalst, die getragen werden mussten. Der Druck und die Verantwortung wurden also alles andere als weniger. Um uns das leisten und auch finanziell vorausplanen zu können, trug Niklas unbarmherzig Dutzende von Foto-Workshop-Terminen für die kommenden Wochen und Monate in meinen Terminkalender ein. Zum Träumen blieb uns nicht viel Zeit, zunächst mussten wir einfach funktionieren. Schon zwei Tage nach der offiziellen Schlüsselübergabe war der erste Workshop angesetzt und die Bude war bis auf unsere drei Schreibtische und die Fotokleidchen-Ständer noch komplett leer. Mit meinem kleinen Auto fuhren wir mehrmals zwischen unserer Wohnung, dem neuen Studio und *Ikea* hin und her. Ein vernünftiger Umzugswagen hätte vielleicht vieles erleichtert, aber wir brauchten jeden Euro für die Einrichtung. Wir beklauten uns selbst, indem wir jedes Möbelstück, das einigermaßen fotogen war, aus unserer privaten Wohnung holten. Selbst das Bett musste dran glauben. Mitten in der Nacht legten wir die 1,40 Meter breite Matratze auf das Autodach, quetschten die Seiten links und rechts durch die Fenster hinein, um sie festzuhalten, und fuhren im Schritttempo einmal quer durch die Stadt in unser neues Studio – am Steuer saß Niklas' Mama, die uns in den letzten Stunden vor dem 9-Uhr-Workshop im Kampf gegen die Zeit unterstützte. Wir schraubten Regale an die Wand, bauten Möbel auf, putzten, hängten Gardinen auf und machten Krach, bis um 3 Uhr der erste Nachbar in Unterhose vor der Tür stand und fragte, ob wir denn wohl noch lange brauchen würden.

Hallo, wir sind die Neuen! Nett, dich kennenzulernen.

Gegen 5 Uhr fuhr ich zurück in unsere Wohnung und mischte eine Backmischung Zitronenmuffins zusammen, legte noch je eine Schicht Deo und Make-up auf, klaute auch noch unseren Staubsauger und fuhr wieder zurück ins Studio. Es dauerte nur noch zwei Stunden, bis die ersten Workshop-Teilnehmerinnen kamen, und ich fragte mich, ob wir überhaupt schon Internet hatten, ob die Präsi vom vergangenen Mal noch passte oder ob ich sie noch mal überarbeiten müsste … keine Zeit mehr. Wir stapelten schnell noch Europaletten als Tische, und da wir kein Geld für Stühle hatten, gab es für jede Teilnehmerin einen 5-Euro-Stapelhocker als Sitzgelegenheit. Um 8:40 Uhr wurde der Staubsauger geschwungen und ich sprang noch mal schnell zum Bäcker, um Brötchen und Kaffee zu holen. Noch während wir mit den Papiermüllbergen kämpften, die jeder *Ikea*-Besuch mit sich bringt, sahen wir durch das Fenster schon die ersten aufgeregten Workshop-Teilnehmerinnen eintrudeln. Wir schauten uns noch einmal um, sahen uns an, atmeten tief durch, blinzelten die Müdigkeit weg und setzten ein Lächeln auf, bevor wir die Tür öffneten und den Tag begannen.

Geschichten wie diese blieben kein Einzelfall. Wir hatten unsere Termine regelmäßig so knapp getimt, dass kaum Zeit zum Atmen blieb, aber uns blieb auch keine andere Wahl. Wir brauchten das Geld, denn wir standen kurz davor, aus meinem Einzelunternehmen eine GmbH zu machen, und dafür mussten wir 12.000 Euro Startkapital aufbringen.

Als meine Oma sehr krank wurde, bekam ich am eigenen Leib zu spüren, was mit „The show must go on" wirklich gemeint ist. Die Nachricht über ihren schlechten Zustand erreichte mich nur wenige Minuten vor einem unserer Workshops und meine Gefühle konnte ich erst zulassen, als sich die Tür wieder hinter den Teilnehmerinnen geschlossen hatte. An diesem Tag wurde mir erstmals so richtig bewusst, was wir alles verpassten, wenn wir uns ausschließlich in unserer eigenen Welt aufhielten und das Leben draußen an uns vorbeizog. Es traf mich wie ein Schlag, vollkommen unvorbereitet, und der Schmerz saß tief. Durch meinen Umzug nach Münster hatte sich die Distanz zum Wohnort meiner Oma sogar verringert und ich hätte sie ganz leicht viel öfter besuchen können. Ich hätte ihr noch so viele Fragen stellen können, wollte noch so vieles von ihr wissen und lernen. So viel hätte. Der Preis, den Niklas und ich für das zahlten, was wir gerade aufbauten, war sehr hoch.

Was uns hätte aufrütteln sollen, verschwand viel zu schnell wieder im Trubel unseres Tagesablaufs. Wir schufteten nun so hart wie noch nie zuvor und pendelten nur noch zwischen der Tiefgarage unseres Studios und der Tiefgarage unserer Wohnung. Wir schliefen auf einer Matratze auf dem Fußboden und das Wohnzimmer war eine einzige Abstellkammer für alles, was wir bei unserer Plünderei noch übrig gelassen hatten. Das Tageslicht sah ich nur noch bei Workshop-Shootings oder Hochzeiten. Ich bearbeitete Fotos, bemalte und verpackte Jutebeutel, beantwortete E-Mails, schrieb Blogposts und updatete täglich meine *Facebook*-Seite. Es wurde immer klarer, dass wir mehr Hilfe brauchten, als Natasha leisten konnte. Wieder war *Facebook* unsere Anlaufstelle Nummer eins: „Wir suchen: Fotograf*in in Festanstellung, der oder die bei Shootings mithilft."

Wieder traf ich mich nur mit einer einzigen Bewerberin, alle anderen fielen durch ihr Portfolio direkt raus, denn ich hatte ganz genaue Vorstellungen. So saß ich mit pochenden Kopfschmerzen und Termindruck im Nacken wieder mal in einem Hipster-Café – da trifft man einfach die besten Leute – und plauderte mit Melisa.

Das Bauchgefühl stimmte bei uns beiden von der ersten Minute an, und ohne zu zögern, kündigte sie ihren festen Job in dem Unternehmen, in dem sie seit zehn Jahren arbeitete. Sie setzte alles auf eine Karte und vertraute uns, glaubte an uns. Das war das größte Kompliment, das wir für unsere Arbeit je bekommen hatten – und gleichzeitig war es auch die größte Verpflichtung, auf die wir uns bis zu diesem Zeitpunkt eingelassen hatten.

Melisas Eingewöhnungszeit fiel unglücklicherweise mit Niklas' Staatsexamen zusammen und so musste unsere erste Festangestellte hautnah miterleben, was dieser ganze Stress mit uns machte. Durch ihre entspannte Art und ihr Händchen für Struktur, Ordnung und Routine brachte sie zum ersten Mal so etwas wie Klarheit in unser Chaos. Allein schon dank der Tatsache, dass sie ein paar Jahre älter war als wir, einiges mehr an Berufserfahrung vorzuweisen hatte und für uns eine enorme Respektsperson war, rissen Niklas und ich uns ab ihrem ersten Arbeitstag zusammen und kamen nie wieder – naja, selten – später als unsere Angestellten ins Studio. Wir führten ein gemeinsames Frühstück ein und wurden ein richtiges, echtes Team: Niklas, Melisa, Natasha und ich.

Von Niklas war zu dieser Zeit im Studio allerdings nicht viel zu sehen. Er wollte sein Staatsexamen auf Teufel komm raus bestehen, damit nicht alles umsonst gewesen war, und nutzte die letzten Tage davor zum Lernen. Danach wollte er sich komplett der Firma widmen und Jura Jura sein lassen. Für mich war es furchtbar hart, mitanzusehen, wie er sich quälte. Der Druck und die Angst machten ihn zu einem richtigen Zombie und nicht selten schlug ihm die ganze Anspannung so sehr auf den Magen, dass er morgens erst mal über der Schüssel hing. Es war furchtbar.

Als der Tag seines Staatsexamens gekommen war, stand ich völlig neben mir und konnte an nichts anderes denken – wie es ihm ergangen sein muss, möchte ich mir gar nicht ausmalen. Ich war ein Häufchen Elend und nur am Heulen. Melisa war für mich da und ich merkte, dass ich in ihr mehr als nur eine neue Kollegin gefunden hatte. Es war neu für mich, mich bei jemandem

außerhalb meiner Familie ausweinen zu können. Es fühlte sich gut an, jemanden an meiner Seite zu haben, der sich in meiner Welt bewegte und um den ganzen Stress und Irrsinn wusste, der mich tagtäglich einnahm.

Niklas bestand sein Staatsexamen, was aufgrund der wenigen Zeit, die er tatsächlich dem Lernen gewidmet hatte, an ein Wunder grenzte, und damit brach zumindest für ihn eine komplett neue Zeit an. Die dunkle Wolke über seinem Kopf, die er seit Jahren mit sich herumgeschleppt hatte, war endlich weitergezogen.

Der Hase und der Bär lernten sich im Sommer kennen. Sie unternahmen viel, machten Blödsinn und hatten viel Spaß zusammen. Dann kam der Winter und der Bär wusste, dass es jetzt ernst wurde, denn er musste sich eine Höhle suchen, um seinen Winterschlaf zu halten. Der kleine Hase brauchte keinen Winterschlaf, er war immer munter und am liebsten den ganzen Tag im Wald unterwegs – aber er hatte den Bären lieb und wollte ihn nicht allein lassen – also zog er mit ihm in seine Höhle, damit der Bär im Winter nicht so einsam war.

Die ersten Flocken fielen und die beiden hatten es sich in der Höhle gemütlich gemacht, ignorierten den Schnee und die aufziehende Kälte. Jeden Monat wurde es etwas kälter und der Bär wurde immer träger, er musste viel schlafen und war grummelig, wenn er wach war. Der Hase war viel allein und sorgte dafür, dass die Bärenhöhle immer ordentlich aussah und der Bär bei Laune gehalten wurde, wenn er wach war. Er liebte den Bären und konnte es nicht mitansehen, ihn so müde und gar nicht mehr so fröhlich zu sehen. Nachts kuschelte sich der Hase an den Bären und träumte davon, dass der Winter endlich vorüberginge und die ersten Sonnenstrahlen ihren Weg in die dunkle Bärenhöhle fänden.

Der letzte Frost kam und stellte die Freundschaft der beiden noch einmal auf eine harte Probe. Der Hase war zu klein, um die ganze Arbeit in der Bärenhöhle allein zu schaffen, und der Bär war launisch, hatte keine Lust mehr auf diese Höhle und beneidete den Hasen, der klein, aufmerksam und nie müde war und in der großen Höhle auch viel mehr Platz und Möglichkeiten hatte. In einer Nacht konnten weder der kleine Hase noch der große Bär schlafen, der Frost draußen klirrte und es zog ein kalter Wind durch die Bärenhöhle. Der Bär stand auf, als es noch dunkel war, schob den großen Stein vor der Höhle beiseite und ließ den kleinen Hasen bibbernd und ängstlich allein in der dunklen Höhle zurück. Der Hase hatte große Angst. Er liebte den Bären und hoffte, dass er bald zurückkam. Er wartete den ganzen Morgen und den ganzen Mittag bis zum Nachmittag.

Da wurde plötzlich der große Stein zur Seite gerollt und Sonnenstrahlen fielen auf den kleinen Hasen, der ungläubig und erschrocken seine Pfoten vors Gesicht schlug.

„Komm, kleiner Hase, es ist Frühling – wir haben's geschafft!"

Der Hase blinzelte und sein Herzchen machte einen Hüpfer. Er konnte es kaum fassen. „Geschafft", murmelte er glücklich und fiel dem Bären in die starken Arme. „Jetzt kann der Sommer wieder kommen", flüsterte der große Bär dem kleinen Hasen ins Ohr.

Mit dieser kleinen Geschichte wollte ich euch eigentlich nur sagen, dass manche Lebensabschnitte hart sein können – aber dass ihr niemals aufgeben dürft. Auch wenn der Bär grummelig ist. Der Bär kann nichts dafür. Seid für eure Liebsten da, wenn sie es am wenigsten verdienen, denn dann brauchen sie es am meisten.

– „Die Geschichte vom Hasen und dem Bären", Joana, April 2014.

Lichtpoesie, Odernichtoderdoch, 100TAUSENDLUX – noch was vergessen?

Dadurch, dass Niklas durch sein Studium und seinen Nebenjob so viel Kontakt zur Außenwelt hatte (Ja, richtig gelesen: Außenwelt. So hat sich das angefühlt.), brachte er hier und da Fotoaufträge, die für uns alle Neuland waren, mit in unsere Bubble. Kommerzielle Foto- und Videostrecken, die vom Planungsaufwand und von der Umsetzung her so ganz anders waren als die kreativen Bauchgefühl-Shootings, die ich sonst anbot. Niklas war nun voll in seinem Element und irgendwie wurde uns schnell klar, dass sich da etwas Neues anbahnte, das nicht mehr zu der kleinen, zarten Fotografie-Marke *Lichtpoesie* passte. Also saßen wir an einem Sonntagmorgen gemeinsam im Café und kritzelten alle Assoziationen zum Thema Licht auf ein Blatt Papier. Irgendwie sollte dieser neue Weg zu *Lichtpoesie* passen, nur etwas cooler klingen. Wir stießen auf die Bezeichnung „Lux" als Einheit für die Beleuchtungsstärke. 100.000 Lux waren so hell wie ein strahlender Sonnentag. Das klang gut, das sollte es werden.

Mit dem mühsam angesparten Startkapital gründeten wir also nicht die *Lichtpoesie GmbH,* sondern die *100TAUSENDLUX GmbH,* unter deren Dach wir nun nebeneinander die neue Agentur *100TAUSENDLUX* sowie *Lichtpoesie* (private Dienstleistungs-Fotografie) und *Odernichtoderdoch* (Blog) weiter ausbauen konnten. Wir waren beide offiziell Geschäftsführer und Geschäftsführerin und in allen Bereichen komplett gleichgestellt. Wir verdienten gemeinsames Geld, machten gemeinsame Sache. Die Gründung war weit mehr, als nur beim Notar ein Blatt Papier zu unterschreiben. Es war wie eine Hochzeit, nur unromantischer. Vor der Unterschrift mussten wir uns ehrlich fragen, ob unsere Beziehung für diesen Schritt stark genug war. Würden wir die nächsten Jahre miteinander in guten und schlechten Quartalen auskommen und als Paar und Geschäftspartner und -partnerin miteinander wachsen? In unseren gemeinsamen Jahren – wie viele waren es überhaupt? – hatten wir kaum einen Tag ohneeinander verbracht, aber hatten wir uns wirklich mit unserer Beziehung beschäftigt und herausgefunden, ob wir als Paar zusammenpassten? Eigentlich hatten wir nur zusammen gearbeitet. Aber was war dieses nur? Die Arbeit war unser Leben, unsere Berufung und das, was uns Freude bereitete.

Wir wären nicht Niklas und Joana, wenn wir zu viel über die „Was wäre wenn"-Fragen nachgedacht hätten. Scheitern war gar keine Option, natürlich würde es klappen! Wir unterschrieben. Was auch sonst?

Aus meinem Einzelunternehmen wurde somit ein richtiges Unternehmen und aus „die Fotografin" wurde „die Kreativ-Agentur". *100TAUSENDLUX*, das klang cool und professionell zugleich, und wirkte unserer Meinung nach auf Firmenkund*innen etwas erwachsener als das mädchenhafte *Lichtpoesie*. *Lichtpoesie* war nun voll und ganz für die Privatkund*innen-Shootings, Workshops und Hochzeiten da, mit *100TAUSENDLUX* fotografierten wir Kampagnen für Marken, Websites und Firmen, und machten über die GmbH auch sonst alles, was man nirgendwo zuordnen konnte. Ach, da gab es natürlich noch *Odernichtoderdoch*, meinen Blog, den ich täglich mit Fotostrecken und Texten befüllte. Das Schreiben wurde für mich immer mehr zum Ventil für all die Emotionen, die in meinem stressigen Alltag untergingen. Aus den Songtext-Auszügen waren schon lange eigene Texte geworden, und aus den kleinen, lockeren

Erzählungen aus meinem Alltag als selbstständige Fotografin wurden immer längere und tiefgründigere Texte, die in meiner Community großen Anklang fanden.

Ich war dabei, mich selbst zu finden und nahm andere auf dieser Reise mit:

Und ich kann euch etwas sagen: Ihr müsst nirgendwo dazugehören. Ihr müsst nichts machen, nur weil andere das auch tun. Umgebt euch mit den Leuten, bei denen ihr sein könnt, wie ihr wirklich seid, und bei denen ihr euch wohlfühlt. Alles andere ist Fassade und falsch.

– „Ich wollte immer cool sein, aber eigentlich bin ich Spießer.",
Joana, 2014.

Nach Niklas' bestandenem Staatsexamen und der Gründung der GmbH ging es uns erst mal wieder besser, vor allem als Paar. Wir hatten Energie und Lust auf neue Projekte, die nicht lange auf sich warten ließen.

Unter der Woche führte ich Shootings durch und fuhr mit meinen Kunden und Kundinnen entweder in die Natur oder suchte mir in Büronähe schöne Spots. An Freitagen und Samstagen waren Melisa und ich (oder teilweise auch Niklas und ich) auf Hochzeiten unterwegs oder gaben Workshops. Die Sonntage waren unsere Kampagnen-Tage, an denen wir nicht selten auch als Team mit unserem Videografen unterwegs waren. Jedes Mal war mein kleiner *VW Polo* vollgepackt bis unters Dach, und was wir nicht hatten oder uns nicht leisten konnten, das improvisierten wir. Wir haben nie irgendwelche Locations gebucht oder professionelle Stylisten und Stylistinnen dabeigehabt. Es gab nie professionelle Models. Wir machten alles selbst, so gut es eben ging. Irgendwie musste es immer gehen, denn für ein professionelles externes Team oder Setting hatten wir kein Geld.

Um die Fotos und Texte für den Blog kümmerten wir uns immer zwischendurch – immer dann, wenn Zeit war. Die Fotografie stand an erster Stelle, der Blog war ja keine wirkliche Einnahmequelle und trotzdem unser Herzstück, das wir hegten und pflegten.

Niklas und ich arbeiteten Tag und Nacht. Jeden Cent steckten wir in unsere Arbeit. Unser Zuhause war nicht mehr als ein Schlafplatz – ein dunkles Muffloch mit Schimmel an den Wänden und unter der Matratze. Aber wir verbrachten ja eh nicht viel Zeit mit Schlafen.

Ich erinnere mich an einen Donnerstag, an dem Niklas und ich losfuhren, um bis spätabends eine Agentur zu porträtieren. Viel Zeit zum Ausruhen hatten wir danach nicht, denn am nächsten Morgen ging es früh raus Richtung Holland, um eine Hochzeit zu fotografieren. Nach der Hochzeit fielen wir um 3 Uhr nachts erschöpft ins Bett, um dann um 6 Uhr morgens den Rückweg nach Deutschland zur nächsten Hochzeit anzutreten. Die Hochzeit fand in meiner Heimatstadt statt und wir hatten zwei Stunden Zeit, um uns im Haus meiner Eltern frisch zu machen. Ich sah abgestumpft ein paar Teile in meinem alten Kleiderschrank im Kinderzimmer durch, um etwas Frisches zum Anziehen zu finden, legte noch Make-up, Deo und Trockenshampoo nach und los ging es: The show must go on. Danach war Niklas und mir eine Nacht Schlaf vergönnt, bevor wir uns am Sonntag wieder auf den Rückweg nach Münster begaben, um im Studio noch ein paar Fotos von Uhren für eine Website zu schießen.

Dieses Wochenende werde ich wahrscheinlich nie vergessen. Es steht für all die Arbeit und den Fleiß, den wir von Anfang an in unsere Firma gesteckt haben. Mir war klar, dass man so ein Pensum nicht über Jahre aufrechterhalten konnte, aber solange wir das noch so wegsteckten, musste es so weitergehen. Es würden bessere Zeiten kommen, ruhigere. Irgendwann. Irgendwann würden wir mal wieder ein Wochenende frei haben und eine Wohnung besitzen, in die man nach der Arbeit gern nach Hause kommt.

Nach Hause. Was für ein Gefühl das wohl sein musste.

Ich habe keine Zeit zum Fernsehen, zum Kaffee trinken mit Freunden, zum Feiern, zum in der Sonne chillen. Ich mache selten Urlaub und Ausschlafen kenne ich auch nicht mehr wirklich. Zeit für meine Beziehung? Urlaub? Freunde? Manche nennen mich einen Workaholic, sagen, ich würde mich verlieren, mein Privatleben aufgeben, ein Leben im Verzicht führen. Das hört sich alles so negativ an. Und es ist falsch.

Ich bin glücklich – ich kann sagen, ich war nie glücklicher.

Ich treffe mich nicht mit Freunden auf einen Kaffee – ich verbringe jeden Tag mit ihnen, wir sind kreativ, haben Spaß und viele Ideen. Wir sind ein Team, eine Familie. Wir halten zusammen und vermissen uns, wenn wir uns einen Tag lang nicht sehen. Ist das Verzicht? Nein.

Ich komme an Orte, die ich mir in meinen Träumen nicht schöner hätte ausmalen können, und lerne Leute kennen, die ich in meiner Freizeit niemals kennenlernen würde. Als Hochzeitsfotografin darf ich so wundervolle Augenblicke begleiten, die einem die Tränen in die Augen treiben und einem klarmachen, wie sich Glück anfühlt. Ist das Verzicht? Ich denke nicht.

Ich bin den ganzen Tag an Niklas' Seite, wir arbeiten zusammen, mal stiller und mal lauter. Wir haben zusammen Ideen, teilen Glück und Niederlagen. Wir ergänzen uns und lernen viel voneinander, müssen nicht reden, es reicht, wenn wir einfach zusammen sind. Mehr brauche ich nicht, um glücklich zu sein. Es werden andere Zeiten kommen. Zeiten mit einem gemütlichen Frühstück im Garten. Vielleicht. Vielleicht werden wir aber selbst dann zusammen Ideen aushecken – weil wir das lieben, was wir tun. Weil wir das mit denen tun, die wir lieben.

Das ist kein Verzicht. Das ist ein Tausch. Und meiner Meinung nach ein ganz schön guter.

– „Ein Leben als Workaholic", Joana, 2014.

In unserem Studio hatten wir es uns trotz der geringen finanziellen Mittel, die uns zur Verfügung standen, richtig gemütlich gemacht. Statt einer Küche gab es ein Sideboard mit Wasserkocher, Kaffeemaschine und einem kleinen Kühlschrank. Dieser Umstand störte uns nicht, er machte uns sogar ziemlich kreativ und wir lernten allerlei Dinge, die man zweckentfremdet damit zaubern konnte. Eier im Wasserkocher zu kochen, ist allerdings nur bis zum ersten kaputten Ei eine gute Idee. Immerhin hatten wir eine Spülmaschine – die stand im Badezimmer, was den Transport des Geschirrs immer etwas kompliziert gestaltete und auf Kunden und Kundinnen jedes Mal befremdlich wirkte, aber stets für unterhaltsame Gespräche sorgte. Melisa war mittlerweile nicht mehr aus unserem Team wegzudenken, gemeinsam sortierten wir tagelang mein E-Mail-Postfach, teilten uns Aufgaben und Verantwortungen. Zum ersten Mal wurde mir bewusst, wie viel das eigentlich alles war, was ich täglich abarbeitete. Ich sprach mit Melisa ganz offen über meine Schwachstellen, meine ADHS-Besonderheiten und auch über die Wutanfälle, die durch meine Medikation ausgelöst wurden und die ich noch immer nicht ganz im Griff hatte. Es war nicht so, dass ich diese Wut nach außen richtete und Leute anschrie, aber trotzdem war das eine Zeitspanne am Tag, in der ich nicht besonders umgänglich war und mich unglaublich schlecht fühlte. Es war so befreiend, endlich offen mit all diesen Themen umzugehen und mich nicht beschämt verkriechen zu müssen, wenn ich nachmittags mal wieder zum Hulk wurde. Wir konnten darüber lachen, aber ich wurde trotzdem ernst genommen. Auch von meiner Ärztin, bei der ich nun auch meine Bedenken gegenüber dem Medikament ansprach. Sie verschrieb mir daraufhin ein anderes, das ich viel besser vertrug. Langsam fühlte ich mich wieder wie die Alte. Ich konnte mich auch am Nachmittag wieder selbst leiden, wollte mich nicht mehr einschließen und war nicht mehr die Kratzbürste, die ich eigentlich auch gar nicht war. Damit fiel eine riesige Last von mir ab und ich fühlte mich endlich, endlich, endlich angekommen bei mir selbst.

Ab sofort konnte ich unser Studio- und Teamleben richtig genießen – mit all den turbulenten, aber wunderschönen Zeiten. Mittlerweile war schon ein ganzes Jahr mit Natasha vergangen und so kam irgendwann ihr letzter Tag bei uns, bevor sie in die Welt zog, um ein Studium zu beginnen. Neben Melisa, die meine gleichwertige Partnerin wurde, hatte ich auch mit den zwei neuen Jahrespraktikantinnen sehr viel Spaß und konnte lachen, ohne es für die Kamera oder Kund*innen nur vorzutäuschen. Mein Leben hatte nun etwas, das sich annähernd wie eine Routine anfühlte, alles wurde etwas entspannter, nur die Arbeit wurde nicht weniger.

Wertvoll, professionell und selbstbewusst

Sowohl Niklas als auch ich hatten durch unseren intensiven Lifestyle längst alle Freunde und Freundinnen verprellt, weil wir nie Zeit hatten. Dass man bei denen, die trotzdem an die Tür klopfen, vorsichtig sein sollte, mussten wir schmerzhaft lernen. Wenn ich vertraue, dann gebe ich alles von mir, was ich habe. Dass da einige durch uns einfach nur ein Stückchen vom Kuchen – also von unserer Reichweite und unserer Bekanntheit – abhaben wollten, hatte ich gar nicht auf dem Schirm. So kam es, dass eines Tages zwei Bekannte von Niklas auf uns zukamen, und uns baten, ihre Business-Idee zu unterstützen und sie visuell in Szene zu setzen. Fotos für den Shop, Imagefotos und ein Video für den Launch standen auf der Liste. Zu einem wirklich niedrigen Freundschaftspreis legten wir uns hart ins Zeug, obwohl wir sowieso kaum Zeit hatten. Wir organisierten Models aus unserem eigenen Bekanntenkreis, kauften uns weiteres Equipment und Requisiten speziell für diesen Job und erzielten mit wirklich improvisierten Mitteln tolle Ergebnisse. Ergebnisse, für die wir als Agentur richtig viel Geld hätten verlangen können. Das Selbstbewusstsein, für eine faire Bezahlung einzustehen, hatten wir damals leider noch nicht. Wir waren uns unseres Wertes nicht bewusst und somit für andere eine leichte Beute.

Neben dem Freundschaftspreis, der nicht ansatzweise unsere Kosten deckte, wurden wir mit der Aussicht auf eine Beteiligung am Unternehmen unserer Bekannten geködert. Würde die Business-Idee also einschlagen, würden auch wir profitieren – so der mündliche Deal. Einen Tag vor der Abgabe – ich arbeitete komplett übermüdet noch an den letzten Feinheiten – rief mich einer der beiden Gründer an. Er hatte spontan noch Ideen, wie man die Fotos optimieren könnte, weil er das bei der Konkurrenz so gesehen hatte. Da ist mir zum ersten Mal in meinem Leben so richtig die Hutschnur geplatzt. Ich fühle die Intensität meines Herzschlags selbst jetzt noch, während ich diese Zeilen schreibe. Mein Maß an Aufopferung war so voll, dass die Zeit für einen Moment stillstand und die Luft vor Spannung knisterte. Melisa und Niklas waren mit im Büro, während ich durch das Handy meine komplette Energieladung abließ, um ihm meine Meinung nahezubringen. Noch nie zuvor hatte ich meinen eigenen Herzschlag so laut in meinen Ohren pulsieren hören und meine Stimme überschlug sich fast. Noch nie in meinem Leben war ich so wütend gewesen. Ich denke, dass mir in diesem Moment klar wurde, dass wir hier wirklich böse ausgenutzt wurden. So viel Wut, so viel Enttäuschung, so viel Hitze und Energie – seit diesem Moment weiß ich, was wirklich in mir steckt.

Um es kurz vorwegzunehmen: Das Unternehmen ist sehr schnell sehr, sehr erfolgreich geworden und das Thema Beteiligung war selbstverständlich nur ein leeres Versprechen gewesen. Es fällt mir nach wie vor schwer, zu vergeben und die Geschichte abzuhaken, weil sie so prägend für meine Entwicklung war. Sie hat mir gezeigt, was in mir steckt und welchen Wert meine Arbeit hat. Einen Wert, unter dem ich mich nie wieder verkaufen würde.

Der Herbst brachte ein wenig Ruhe. Die Hochzeitssaison lief langsam aus und bis zum Weihnachtsgeschäft war es noch ein Weilchen hin. Endlich nahm ich mir mal wieder Zeit für meinen Blog und fotografierte eine kleine Modestrecke in Kooperation mit einer größeren Marke. Mit dem Social-Media-Manager dieser Marke war ich über *Facebook* locker im Gespräch, als er mich fragte, ob ich nicht auch Interesse hätte, mit seiner Kollegin ein größeres *YouTube*-Projekt umzusetzen, bei dem es um weihnachtliche DIYs gehen sollte. Das klang neu und sehr spannend, also sagte ich zu. Die Videos würden nicht auf meinem, sondern auf dem Markenkanal laufen und könnten für uns eine große Sichtbarkeit bedeuten.

Vereinbart wurden ganze zehn Videos und ein Teaser, also fuhren wir im Oktober nach Würzburg in den großen Store der Marke, um Outfits für die Videos auszusuchen und das Ganze für den Teaser schon mit der Kamera zu begleiten. Ich fühlte mich wie eine Prinzessin – habt ihr schon mal zehn Outfits aus einem vierstöckigen Laden zusammengestellt, inklusive Accessoires und Schuhen? Wow, das war eine ganz schöne Menge! Ich war komplett in meinem Element, überlegte mir Ideen für die DIYs, schickte meine Moodboards zur Freigabe, bastelte ein paar Dinge zur Probe und bereitete schon einige Teilschritte der einzelnen DIYs für den Videodreh vor. Der Dreh selbst war auf zwei Tage angesetzt und das Team aus Würzburg reiste für die Zeit zu uns nach Münster, um bei der Produktion dabei zu sein. In zwei Tagen wurde ich für zehn Videos gestylt und geschminkt, saß mitten im Oktober zwischen Lichterketten und einem Weihnachtsbaum perfekt ausgeleuchtet an meinem Basteltisch wie in einer Fernsehshow. Ich war wahnsinnig aufgeregt.

Als die Videos im Dezember nach und nach online gingen, war das Feedback darauf so gut, dass die Marke beschloss, unseren Teaser in gekürzter Version als Werbeclip im Fernsehen zu zeigen. Ich war im Fernsehen! Die ganze Produktion bedeutete für uns nicht nur einen wahnsinnigen Imagegewinn und das erste wirklich große Einkommen für unsere Agentur, sondern wir hatten nun auch einen Namen in unserem Portfolio, der sich sehen lassen konnte. Es war einer dieser Monate, in denen so viele Dinge passierten und wir einfach wussten: Wir standen hier wieder vor einer neuen Tür, die sich gerade öffnete. Und wo diese Tür sich öffnete, sollten noch ganz viele weitere folgen.

Auf ins nächste Abenteuer

Die letzten Tage vor Weihnachten waren angebrochen, der große Job abgeschlossen und es standen nur noch wenige Fotoshootings an, sodass Melisa und ich viel am Rechner saßen, gemeinsam Hörbücher oder Musik hörten und hauptsächlich Bilder retuschierten oder die Social-Media-Kanäle mit Content befüllten. Mein Plan war es, für das nächste Jahr ein paar Flyer und Postkarten zu gestalten, die wir bei Workshops mit in unsere Goodie Bags packen konnten. Ich stöberte also durch die Website einer Online-Druckerei, und nachdem ich die Postkarten und Flyer entdeckt hatte, schaute ich neugierig, was man außerdem noch alles drucken lassen konnte. Bei der Schreibtischunterlage blieb ich hängen und wurde ein bisschen nostalgisch. Ich hatte schon als Kind immer Schreibtischunterlagen gehabt, weil mein Papa diese Werbegeschenke seiner Firma jedes Jahr zu Weihnachten mit nach Hause brachte.

Eine eigene Schreibtischunterlage als Geschenk zu Weihnachten, das wäre etwas Besonderes, dachte ich mir. Nachdem ich mich durch die Vorlagen geklickt und beschlossen hatte, dass sie alle nicht wirklich schön waren, öffnete ich eines der schlichteren Templates in Photoshop und beschloss kurzerhand, die

Schreibtischunterlage ein wenig in meinem Stil und mit meiner persönlichen Note aufzuhübschen. Vielleicht etwas mehr Rosa und hier und da ein lustiger Spruch – direkt viel besser! Da ich keine Ahnung von Gestaltung hatte und nur mit Bildbearbeitung vertraut war, war es mehr ein Experimentieren, in dem ich stundenlang völlig versank. Dass ich eigentlich Flyer drucken lassen wollte, hatte ich längst vergessen.

Es war Abend geworden und Niklas und ich waren die Letzten im Büro, als ich, endlich zufrieden mit meinem Werk, den Drucker anwarf. Auf zwei DIN-A4-Seiten druckte ich mein Design aus und klebte die Blätter mit Tesafilm so zusammen, dass sie ungefähr die Originalgröße einer Schreibtischunterlage ergaben. Damit ging ich zu Niklas, stolz wie ein kleines Kind, das seinem Papa ein gebasteltes Werk präsentiert. Aber auch mit einem schlechten Gewissen und in der Erwartung, dass er mich gleich fragen werde, ob ich denn wenigstens auch die Flyer fertiggestellt hätte, die mein eigentlicher Job für den Tag gewesen waren. Ich weiß noch genau, wie überrascht wir beide waren, als ich ihm mein Werk schließlich vor die Nase legte. Er, weil er nicht fassen konnte, dass ich da mal eben eine Schreibtischunterlage aus dem Ärmel geschüttelt hatte, und ich, weil ich nicht damit gerechnet hätte, dass er meine Idee so gut finden würde. Und er fand sie gut – er fand sie sogar fantastisch! Noch am selben Abend lud ich mein zusammengebasteltes PDF auf der Website der Online-Druckerei hoch und bestellte die Mindestauflage von 40 Schreibtischunterlagen.

Pünktlich an unserem letzten Arbeitstag vor der Weihnachtspause trudelte ein sehr schweres Paket im Studio ein, das ich mit Herzklopfen öffnete. Als ich das erste Exemplar vom Stapel nahm, konnte ich es kaum fassen, wie gut sie aussah: Eine richtige Schreibtischunterlage! Mit Kalender, Notizfeld und To-do-Liste.

Mit rosa Farbe, lustigen Sprüchen und unserem Logo – aus einem Bauchgefühl heraus hatte ich das *Odernichtoderdoch*-Logo gewählt, obwohl wir uns eigentlich Team *Lichtpoesie* nannten. Es fühlte sich einfach richtig an. Überglücklich verteilte ich meine Weihnachtsgeschenke an meine Mitarbeiterinnen, nahm noch zwei für meine eigene Familie mit und schloss die Studiotür, um den Rest des Jahres in der Heimat zu verbringen und auf dieses abgefahrene Jahr klarzukommen.

Der Tag, an dem wir nach der Weihnachtspause im neuen Jahr wieder alle im Studio zusammenkamen, war einer der größten Wendepunkte meines Lebens. Und er kam einfach so unscheinbar daher, quasi im Nebensatz. Denn nachdem wir alle unsere neuen Schreibtischunterlagen hübsch auf unseren Schreibtischen dekoriert hatten, meinte Niklas beiläufig: „Stell den Rest doch in den *Lichtpoesie*-Shop." Und ich entgegnete: „Warum eigentlich nicht?" und machte mich sofort ans Werk, um ein Foto von meinem schön dekorierten Schreibtisch für den Onlineshop zu machen. Immerhin hatten wir von den 40 Schreibtischunterlagen noch mehr als 30 Stück übrig und sie waren auf 2015 datiert, sodass wir sie nicht ewig nutzen konnten.

Mit Vorfreude auf das Feedback veröffentlichte ich den Link zu der Schreibtischunterlage im Shop auf der *Lichtpoesie-Facebook*-Seite. Ich war gespannt, wie die Community auf dieses neue Produkt reagieren würde, denn bis dahin gab es in unserem Shop nur Gutscheine und den Jutebeutel.

Schon wenige Minuten nach der Veröffentlichung standen wir alle ungläubig im Kreis um meinen Rechner herum, auf dessen Bildschirm sich im Minutentakt Pop-up-Fenster öffneten, die einen neuen Verkauf im Shop anzeigten. Ich konnte es gar nicht fassen – die Nachfrage und das Feedback waren einfach unerwartet riesig! Als uns im Laufe des Tages klar wurde, dass die

2015

ES GIBT VIEL ZU TUN –
ICH HOL LIEBER MAL NEN STIFT.

DIESE

	MO	DI	MI	DO	FR	SA	SO	MO	DI	MI	DO	FR	SA	SO
JANUAR				1	2	3	4	5	6	7	8	9	10	11
	12	13	14	15	16	17	18	19	20	21	22	23	24	25
	26	27	28	29	30	31								
FEBRUAR							1	2	3	4	5	6	7	8
	9	10	11	12	13	14	15	16	17	18	19	20	21	22
	23	24	25	26	27	28								
MÄRZ							1	2	3	4	5	6	7	8
	9	10	11	12	13	14	15	16	17	18	19	20	21	22
	23	24	25	26	27	28	29	30	31					
APRIL			1	2	3	4	5	6	7	8	9	10	11	12
	13	14	15	16	17	18	19	20	21	22	23	24	25	26
	27	28	29	30										
MAI					1	2	3	4	5	6	7	8	9	10
	11	12	13	14	15	16	17	18	19	20	21	22	23	24
	25	26	27	28	29	30	31							
JUNI	1	2	3	4	5	6	7	8	9	10	11	12	13	14
	15	16	17	18	19	20	21	22	23	24	25	26	27	28
	29	30												
JULI			1	2	3	4	5	6	7	8	9	10	11	12
	13	14	15	16	17	18	19	20	21	22	23	24	25	26
	27	28	29	30	31									
AUGUST						1	2	3	4	5	6	7	8	9
	10	11	12	13	14	15	16	17	18	19	20	21	22	23
	24	25	26	27	28	29	30	31						
SEPTEMBER		1	2	3	4	5	6	7	8	9	10	11	12	13
	14	15	16	17	18	19	20	21	22	23	24	25	26	27
	28	29	30											
OKTOBER				1	2	3	4	5	6	7	8	9	10	11
	12	13	14	15	16	17	18	19	20	21	22	23	24	25
	26	27	28	29	30	31								
NOVEMBER							1	2	3	4	5	6	7	8
	9	10	11	12	13	14	15	16	17	18	19	20	21	22
	23	24	25	26	27	28	29	30						
DEZEMBER		1	2	3	4	5	6	7	8	9	10	11	12	13
	14	15	16	17	18	19	20	21	22	23	24	25	26	27
	28	29	30	31										

MONTAG

DIENSTAG

MITTWOCH

DONNERSTAG

FREITAG

SAMSTAG

SONNTAG

AUF DE

odernichtoderdoch

SO EINIGES AN !

AUFGESCHRIEBEN IST HALB ERLEDIGT.

ST AUS DEM KOPF.

MACH ICH, NUR NICHT HEUTE.

Nachfrage deutlich höher war als die Anzahl der Schreibtischunterlagen, die wir hatten, spürten wir zum ersten Mal, dass wir gerade etwas losgetreten hatten und an einer Kreuzung standen.

Auf dem einen Schild stand: Öffentlich entschuldigen, zugeben, dass wir nur 34 Stück hatten, und Gutscheine als Entschädigung anbieten. In unserer Unwissenheit hatten wir nämlich versäumt, die verfügbare Stückzahl im Shop richtig einzustellen und somit Überverkäufe generiert.

Auf dem anderen Schild stand: Das Risiko eingehen, im Januar eine größere Auflage eines datierten Produktes nachzubestellen und gegebenenfalls auf Kosten und Produkten sitzen zu bleiben.

Wir mussten nicht groß nachdenken und noch am selben Tag orderten wir bei der Online-Druckerei 400 Schreibtischunterlagen. Diese würden dann in den nächsten Tagen eintrudeln und in der Zwischenzeit könnten wir uns überlegen, wie wir ein Produkt dieser Größe, das weder gerollt noch geknickt werden kann, überhaupt verschicken würden. Nach einigen lustigen Experimenten hatten wir im Internet flache XXL-Versandtaschen gefunden, in denen wir die Schreibtischunterlagen verschicken konnten. Über 150 solcher Versandtaschen stapelten sich bereits auf unserem Tisch im Studio, alle schon mit Etiketten versehen, die wir in Feinarbeit ausgedruckt, ausgeschnitten und mit Prittstift aufgeklebt hatten. Dazu auf jedem Paket, ebenfalls selbst gebastelt, ein Schildchen, das mit der Aufschrift „bitte nicht knicken" und einem Papierschiffchen drauf diagonal über die Versandtasche geklebt war. Als die Lieferung unserer bestellten Schreibtischunterlagen nach über einer Woche noch immer nicht in Sicht war, und sich über sämtliche Kanäle die Nachfragen über den Verbleib der bestellten Produkte häuften, rief Niklas bei der Druckerei an. Der Mitarbeiter erklärte uns trocken, dass sie bis dato keine Datei erhalten hätten und somit auch nichts hätten drucken können. Mir wurde heiß, dann kalt, dann heiß und kalt.

Ich habe keine Datei hochgeladen? Aber die haben doch noch die vom letzten Mal? Und überhaupt – kann man da nicht nachfragen oder wenigstens einen Reminder schicken, dass noch was fehlt?

Nun wurde ich richtig nervös und zum ersten Mal auch leicht panisch. Was sollten wir denn bloß machen? In so einer Situation hatten wir bisher noch nie gesteckt. Wenn wir bisher etwas verkauft hatten, waren wir immer selbst dafür zuständig gewesen, die Leistung zu erbringen. Zum ersten Mal gab es so etwas wie eine Abhängigkeit von anderen, in diesem Fall von der Druckerei, und das war ein ganz neues Gefühl für mich. Ein Gefühl der absoluten Hilflosigkeit. Niklas telefonierte sämtliche Druckereien der Region ab und fand schließlich eine, die sich dazu bereit erklärte, eine so kleine Auflage in nur wenigen Tagen und zu einem fairen Preis für uns zu drucken. Mit dem Hintergedanken, dass man den Auftrag bei der Online-Druckerei sicherlich stornieren könne, vergaben wir den Druckauftrag für 400 Schreibtischunterlagen an die andere Druckerei. Da sich diese Druckerei professioneller als die Online-Konkurrenz mit den Druckdaten auseinandersetzte, kam kurze Zeit nach Abgabe der Druckdaten das Feedback, dass die Qualität meiner Datei nicht ausreiche und sie für den Auftrag eine vernünftige Druckdatei mit Schnittmarken und allem Pipapo bräuchten. Noch mehr Panik – ich hatte doch keine Ahnung!

Zu diesem Zeitpunkt saß zufällig eines unserer Workshop-Models mit im Büro und bekam alles mit. „Meine Schwester kann so was. Sie macht gerade eine Ausbildung zur Mediengestalterin und kann euch bestimmt helfen", sagte sie und wir starrten sie als Antwort einfach nur mit großen, hoffnungsvollen Augen an. Einen Anruf später saß also Judith, die Druckdaten-Retterin, mit uns im Büro, um sich amüsiert kopfschüttelnd, aber nicht abwertend, meine unprofessionelle Datei anzuschauen, bei der anscheinend so ziemlich alles falsch war. An diesem Abend arbeiteten wir gemeinsam daran, das Layout für die Schreibtischunterlage neu und professionell zu rekonstruieren und in Druck zu geben. Wir verstanden uns auf Anhieb gut und merkten schnell, dass wir viele Gemeinsamkeiten hatten.

Von diesem Tag an wurde Judith zu einem festen Bestandteil unseres Teams. Da sie die Ausbildung noch nicht abgeschlossen hatte, konnte sie uns zwar nur wenige Abende pro Woche unterstützen, aber an jedem einzelnen empfingen wir sie mit Kusshand und Pizza im Studio. Gemeinsam gestalteten wir dann noch eine kleine To-do-Liste als Blöckchen und zwei Postkarten, die wir mit in die Schreibtischunterlagen-Pakete legen wollten.

Wir waren total im Flow, als das Fiasko an mein Postfach klopfte: Die Online-Druckerei bestand auf den Auftrag, den ich vor Wochen getätigt hatte. Bis zu diesem Zeitpunkt hatten wir geglaubt, den Auftrag stornieren zu können, doch anscheinend ging das nicht. Um nicht das ganze Geld in den Sand zu setzen, ließen wir die 400 bestellten Schreibtischunterlagen mit dem neuen, professionellen PDF ein weiteres Mal drucken.

Es kam also der Tag, es muss Ende Januar gewesen sein, an dem wir wie erschlagen vor 800 Schreibtischunterlagen aus zwei unterschiedlichen Druckereien standen. Die hohen Stapel füllten nahezu unser gesamtes Studio. Nicht nur die Menge war ein Schock, sondern auch das Druckergebnis. Die Schreibtischunterlagen hatten durch die neue, professionelle Druckdatei einen wesentlich dunkleren Rosaton als die, die wir vorher in kleiner Auflage bestellt und über 200 Mal verkauft hatten. Von der Version, die im Shop mit einem hellrosa Design beworben wurde, gab es noch exakt 34 Stück, die wir in der Zwischenzeit bereits verschickt hatten. Ich stand kurz vor der Ohnmacht. *Was haben wir bloß getan?*

Ich entschied mich dafür, die Schreibtischunterlagen auch in dem dunkleren Design zu verschicken, was hatte ich auch sonst für eine Wahl? Sie waren ja hübsch, nur eben nicht so pastellig wie auf den Fotos im Shop. Mit ein paar Klicks ergänzten wir die Produktbeschreibung um die Zeile „Farbabweichungen sind druckbedingt" und fügten Fotos der dunkleren Version hinzu.

Die ganze Situation nahm mich sehr mit, denn ich lag weit hinter meinem persönlichen Anspruch an Professionalität und Qualität. Hier war einfach wahnsinnig viel schiefgegangen und mich plagte ein enorm schlechtes Gewissen gegenüber meiner Community. Noch viele Nächte danach fand ich schwer in den Schlaf und fantasierte von enttäuschten Kommentaren über den dunkleren Farbton der Schreibtischunterlage. Doch der befürchtete Shitstorm blieb aus. Alle schienen glücklich über ihre neuen Schreibtischunterlagen, denn sie waren allemal schöner als die üblichen schwarzen, blauen oder roten Bürovarianten. Ich hatte mit meiner mädchenhaften Version in (Dunkel-)Rosa scheinbar trotzdem den richtigen Nerv zur richtigen Zeit getroffen.

Die Erleichterung über das positive Feedback und den erfolgreichen Versand der Schreibtischunterlagen hielt nur leider nicht lange an, denn dann wurde uns klar: Wir haben jetzt noch weit mehr als 600 Schreibtischunterlagen übrig. Die Druckaufträge hatten all unser Geld gefressen, unser Studio war dank der ganzen Paketstapel Shooting-untauglich und die Datierung der Schreibtischunterlagen auf 2015 machte mit dem täglich voranschreitenden Jahr ordentlich Verkaufsdruck. Letzteres war das akuteste Problem und ein echter Wettlauf gegen die Zeit.

In Anbetracht meiner Verzweiflung war mein erster Impuls, neben dem *Facebook*-Account *Lichtpoesie* und meinem privaten

Instagram-Account *joanaslichtpoesie*, einen weiteren Account auf *Instagram* zu erstellen, den ich *odernichtoderdoch.de* nannte. Auf diesem Kanal sollte es nur um die Schreibtischunterlage und die wenigen Schreibwaren-Zusatzprodukte gehen, damit wir auf den anderen Kanälen niemanden mit der massiven Werbung, die wir nun machen müssten, nerven würden. Sofort war klar: Dieser *Instagram*-Kanal war etwas komplett Neues und hatte mit *Lichtpoesie* nichts mehr zu tun. In dieser Schreibtischunterlage steckte *Odernichtoderdoch*. All meine kreativen Gedanken und Ideen, die ich sonst mit Fotos und Texten auf meinem Blog rüberbrachte, hatte ich irgendwie in ein Produkt gegossen. Ich spürte förmlich, dass das erst der Anfang einer ganz neuen Reise war.

Durch mein jahrelanges Bloggen und meine mit den Jahren gesteigerte Aktivität auf *Instagram* stand ich mittlerweile mit einigen anderen Bloggerinnen in gutem Kontakt. Und so bat ich meine Kolleginnen, mich beim Bewerben der Schreibtischunterlage zu unterstützen. Es fiel mir nicht leicht, um Hilfe zu bitten, aber wir hatten uns in eine wirklich blöde Lage manövriert, die einen Schritt aus der Komfortzone erzwang. Ich schickte liebevoll gepackte PR-Pakete mit der Schreibtischunterlage zu denen, die großzügigerweise zugestimmt hatten, mich zu unterstützen. Nach und nach tauchten die rosa Schreibtischunterlagen nicht nur auf den Blogs und *Instagram*-Accounts meiner Kolleginnen auf, sondern auch vermehrt auf privaten Accounts von Kunden und Kundinnen. Stolz und glücklich über jedes neue Foto repostete ich alles über den neuen *Odernichtoderdoch*-Account, während im Hintergrund nächtelang daran gebastelt wurde, neben dem Blog auch einen gleichnamigen Shop einzurichten, um die Schreibtischunterlage nicht mehr im Fotografie-Shop verkaufen zu müssen – ein bisschen mehr Klarheit ins Chaos bringen, bitte!

Die Schreibtischunterlage eroberte innerhalb weniger Wochen die rosarote Welt der Sozialen Medien, und die Nachfrage riss auch dann nicht ab, als wir vom Februar langsam in den März rutschten. So langsam dämmerte uns, dass der *Odernichtoderdoch*-Shop Wachstumspotenzial hatte und sich die Platzsituation im Studio – oder besser gesagt im Schreibwarenlager – nicht verbessern würde. Wir brauchten mehr Platz zum Shooten und für all die Produktideen, die plötzlich in meinem Kopf herumschwirrten. Es war also wieder Zeit, unsere Siebensachen zu packen und umzuziehen. Und wir wussten auch schon, wohin.

Wir bekamen über Kontakte die Chance, eine alte Siebdruckerei – die Burg genannt – in Zentrumsnähe nach unseren Wünschen und mit kleinem Geld auszubauen. Durch die bisherigen Verkäufe waren wir zwar nicht plötzlich superliquide, aber die Miete passte zum Glück in unser Budget. Dieses Mal erfolgte der Umzug statt mit meinem *VW Polo* mit einem gemieteten Kastenwagen und einem einzelnen Umzugshelfer – mehr war dann doch nicht drin. Es war ein Doppelumzug, denn da der Vertrag in unserem aktuellen Studio noch einige Monate lief und wir sparen mussten, zogen Niklas und ich aus unserer Wohnung, dem Muffloch, aus und in die ehemaligen Studio-Räumlichkeiten ein. Ich erinnere nur kurz: Das war die Wohnung ohne Küche und mit Geschirrspüler im Bad.

Da wir nun beruflich etwas mehr Platz zur Verfügung hatten, entschieden wir uns dazu, noch einmal eine Schreibtischunterlagen-Auflage von 1.000 Stück nachzubestellen. Ich weiß noch, wie meine Mutter im April vor den riesigen Stapeln in unserem neuen Studio/Lager stand, in dem wir für den Versand der Produkte einen eigenen Raum eingerichtet hatten – die Kartons waren eindeutig nicht mit dem *Lichtpoesie*-Stil vereinbar. Sie schüttelte den Kopf und meinte: „Wer soll denn das jetzt noch kaufen? Das macht im April doch keiner mehr!" Aber sie wurden gekauft. Und ich packte und packte und packte. Fotografierte, bloggte und packte bis spät in die Nacht.

Judith beendete ihre Ausbildung als Mediengestalterin, verließ ihren alten Betrieb und bildete ab diesem Zeitpunkt gemeinsam mit mir das Designteam von *Odernichtoderdoch*. Mit ihrer Hilfe und viel Übung erlernte ich die Programme, die ich zum Erstellen von Designs und digitalen Zeichnungen benötigte. Wir ergänzten uns perfekt in unseren Aufgabenbereichen – ich erstellte die Zeichnungen und groben Designs und Judith setzte alles am Ende noch mal professionell für die Druckerei um. So kreierten wir neue Produkte am laufenden Band: Einkaufslisten, Notizblöcke, Briefpapier, Sticker und Postkarten mit lustigen Sprüchen, wie „Mach ich, nur nicht heute", „Auf dem Papier ist aus dem Kopf" oder „Aufgeschrieben ist halb erledigt". Schon bald wuchs unser Designteam um zwei weitere Mädels, die außerdem auch die Agentur *100TAUSENDLUX*, die wir ja auch noch hatten, hier und da kreativ unterstützten. Seit dem großen Weihnachtsjob für das Modelabel gab es auch in diesem Bereich jede Menge Aufträge, und so waren Niklas und ich nach wie vor sieben Tage die Woche von morgens früh bis tief in die Nacht eingespannt.

Ich habe keine Ahnung, wie ich das geschafft habe, aber zu all den Unternehmensbereichen und Aufgaben legte ich auch noch meine Prüfung für den AdA-Schein ab, um meine Schwester zur Mediengestalterin ausbilden zu dürfen. Als „artverwandter Beruf" hatte ich mit meiner Ausbildung zur Fotografin das Okay bekommen, die offizielle Ausbilderin in meinem Unternehmen zu sein. Mein Name stand aber tatsächlich nur auf dem Schein, denn Judith war unsere Ausbildungsbeauftragte und die, die wirklich Ahnung von dem hatte, was sie erzählte. Die Weichen für das florierende Familienunternehmen waren somit gestellt und ab dem Sommer wurde meine sechs Jahre jüngere Schwester Alina Teil des Teams – ich hätte nicht glücklicher sein können.

Durch die Entwicklung von *Odernichtoderdoch* hatte ich mich Stück für Stück von der Fotografie entfernt und so überließ ich im kommenden Sommer Melisa und ihrem *Lichtpoesie*-Team die Hochzeiten, Shootings und Workshops. Mein Herz schlug mittlerweile einfach an einer anderen Stelle.

1.300 handgeschriebene Briefe

Meine Welt bestand nun aus *Instagram* und der Gestaltung von neuen Produkten. Dadurch, dass die Community von *Odernichtoderdoch* meinen Weg schon seit einigen Jahren über meinen Blog und *Facebook* treu begleitete, war die Verbindung zur Marke sehr persönlich und eng. Wir ließen die Follower*innen an einzelnen Design-Schritten teilhaben, fragten nach Wünschen und Sprüchen, und ließen sie über Cover abstimmen. Der Wunsch nach einem eigenen Buchkalender war nicht nur bei uns, sondern besonders vonseiten der Community groß – das würde unser bisher größtes Projekt werden. Judith, Alina und ich nahmen diese Herausforderung an und trugen euphorisch die ersten Ideen und Anforderungen für unseren perfekten Kalender zusammen. Es sollte ein ganz besonderer Kalender werden, der nicht nur zum Planen, sondern auch zum Ablenken geeignet war. Ein Kalender, den man gestalten konnte, und der einem die Langeweile in Büros, Klassenräumen oder Hörsälen vertrieb. Monatelang steckten wir all unsere Liebe und Ideen in das Design, erstellten zahllose Illustrationen und Listen und tüftelten an der perfekten Aufteilung. „Auf ins nächste Abenteuer" stand als Message auf dem Cover, und den Titel fühlten wir wirklich. Als die Druckdaten fertig waren, durchsuchten wir die Impressen von Kalendern der Konkurrenz, um herauszufinden, welche Produzenten auf dem Markt etabliert waren. Ein erneutes Onlineportal-Drama, wie bei der Schreibtischunterlage, mussten wir bei diesem Produkt unbedingt vermeiden! Tatsächlich war ein Produzent in fast allen von uns durchgeblätterten Kalendern allgegenwärtig und wir kamen schnell zu der Überzeugung: Der kann's, der macht das ja ständig. Das ist ein Profi.

Schnell wurde der Kontakt hergestellt, und als uns der Produzent mitteilte, dass sich ein Papierspezialist die Datei anschauen würde, um das perfekte Papier für unser Produkt auszusuchen, setzten wir gedanklich einen Haken dran.

Was soll da schon schiefgehen?

Als sich der Herbst dem Ende neigte, stellten wir den Kalender in Form von Mockups zum Vorverkauf in den Shop. Ein Mockup, das habe auch ich erst an diesem Tag gelernt, ist das Foto eines Produktes in Weiß, auf das man digital das finale Design legt. Wir erstellten also ein solches digitales Ansichtsexemplar des Kalenders und gaben ihn damit zum Vorverkauf frei, ohne ihn jemals in den Händen gehalten zu haben. Der Tag des Vorverkaufs kam und ging – und wir hatten ganze 1.300 Kalender verkauft. Wahnsinn! Ich spürte pures Glück, wir lachten und tanzten und sangen laut zu der 90er-Jahre-Musik, die irgendjemand am Ende dieses erfolgreichen Tages im Büro laut aufgedreht hatte. Wir bestellten Pizza und genossen das gemeinsame Erfolgserlebnis. Die Frage, wie lange wir wohl brauchen würden, um

1.300 Kalender zu verpacken und zu verschicken, schoben wir erst mal beiseite. *Jetzt wird gefeiert!*

Einige Tage später, die Euphorie war noch nicht verflogen, versammelten wir uns alle am vereinbarten Liefertermin der Kalender für einen langen Packtag im Büro und wollten gerade die Playlist anschmeißen, als das Telefon klingelte. Die Lieferung werde sich auf unbestimmte Zeit nach hinten verschieben, wurde uns mitgeteilt.

Die Enttäuschung im Team war riesig, wir waren richtig niedergeschlagen. Schon seit Tagen freuten wir uns auf diesen Tag, doch nun hatte die Vorfreude durch die Ungewissheit über den neuen Liefertermin einen seltsamen Beigeschmack bekommen.

Die nächsten Tage und Wochen zogen sich wie Kaugummi. Wir befassten uns mit der undankbaren Aufgabe, den Kunden und Kundinnen, die den Kalender bestellt hatten, eine Entschuldigungs-E-Mail für die Lieferverzögerung zu schreiben. Zu dem komischen Bauchgefühl aufgrund der verschobenen Lieferung trug auch Judith bei, die fast jede Nacht von Albträumen heimgesucht wurde, in denen immer irgendetwas anderes mit unserer Lieferung schiefging.

Als wir einige Wochen später die Nachricht erhielten, dass sich die Lieferung erneut verzögere, brach ich in Tränen aus. Ich war mit meinen Nerven am Ende. Wir lagen weit über dem Versanddatum, das wir kommuniziert hatten, Weihnachten rückte immer näher und wir hatten bereits zwei Entschuldigungs-E-Mails verschickt, in denen wir jeweils den neuen, uns genannten Liefertermin verkündet hatten, der nun wieder nicht eingehalten wurde. Wütende Nachrichten und Kommentare häuften sich verständlicherweise und das Telefon klingelte auch ständig, weil wieder jemand die getätigte Bestellung stornieren wollte.

Da war es wieder – das Gefühl von Hilflosigkeit und Panik. Alle sahen mich an. Was sollten wir bloß tun? Eine weitere E-Mail wäre lächerlich.

„Wir schreiben Briefe", entschied ich bestimmt, „wir alle." Während die Frauen sofort entschieden nickten, als wäre diese Idee die logischste aller naheliegenden Lösungen, erntete ich von unseren zwei Männern im Büro nur verständnislose Blicke. Sie fragten, wie das gehen solle. Ob ich meinte, dass ich einen Brief schreiben würde und wir diesen dann 1.300 Mal kopieren würden. 1.300 Briefe persönlich zu unterschreiben, würde ja wohl reichen und wäre schon enorm viel Aufwand. So ihre Meinung. Da brach all die Verzweiflung aus mir heraus.

Verstehen die denn nicht, worum es hier geht? Es geht um MICH! Um Menschen, die MIR vertrauen, denen ICH etwas verkauft habe, von dem sie bis jetzt noch nichts gesehen haben, und die nur mit diffusen Entschuldigungen vertröstet wurden. Es geht um meine Glaubwürdigkeit und meine Marke, es geht um ALLES, was wir uns aufgebaut haben.

„ES WIRD NICHT KOPIERT!!!", schrie ich sie an und entlud damit wieder eine Energiewelle, die alle in Schockstarre versetzte.

„Es wird nicht kopiert", wiederholte ich nun leiser, aber nicht weniger bestimmt. „Wir schreiben jeden einzelnen Brief per Hand und wenn es die ganze Nacht dauert!"

Gesagt, getan. Während ich die Vorlage für die Briefe schrieb und all mein Herzblut in die Worte legte, mit denen ich mich bei meinen Käufer*innen entschuldigte, sammelte und zählte der Rest des Teams 1.300 Karten mit der Aufschrift „Augen zu und durch" sowie 1.300 bunte Herz-, Pfeil- und Stern-Büroklammern als kleines Goodie zusammen. Wir alle gingen unsere Kontaktlisten durch und schrieben Mitbewohner*innen, Freund*innen, Geschwister, Cousins und Cousinen an. Die Panik war einem

Gefühl von wahnsinnigem Zusammenhalt und Hoffnung gewichen, das mich noch heute ganz emotional und ehrfürchtig werden lässt. Niemals darf man unterschätzen, was sich für eine Dynamik entwickelt, wenn alle an einem Strang ziehen.

Die Burg füllte sich nach und nach mit freiwilligen Helfern und Helferinnen, die sich, bewaffnet mit Vorlage, Stift und Postkarten, irgendwo ein Plätzchen suchten, an dem sie schreiben konnten. Viele Stunden nach meinem emotionalen Ausbruch stand gegen 20 Uhr eine große Kiste mit 1.300 handgeschriebenen Entschuldigungsbriefen in rosa Briefumschlägen in der Mitte des Büros. Die Stimmung war überwältigend. Kaum jemand wusste, wer die Person war, die neben ihr stand oder saß, aber wir alle hatten gerade etwas ganz Wunderbares gemeinsam vollbracht. Nach einer Pizza und einem Gruppenfoto gingen alle wieder getrennte Wege und es kehrte Stille ein. Die Situation war nach wie vor schlimm für mich, aber so konnte ich mit dem Wissen ins Bett gehen, dass ich alles in meiner Macht Stehende getan hatte, um meiner Community zu zeigen, dass es mir wirklich leid tat. Denn das tat es. Wirklich. Es tat mir so unfassbar leid, wie das Ganze gelaufen war und wie naiv wir die Sache angegangen waren.

Die Entschuldigung kam an. Nicht nur in den Briefkästen, sondern auch in den Herzen unserer Käufer*innen. Zwei Tage nach dem Briefversand öffnete ich kurz nach dem Aufwachen *Instagram* und wurde von zahlreichen Postings, auf denen der rosa Brief mit der Wolkenkarte zu sehen war, mit warmen Worten und Verständnis überwältigt. Es war nicht nur so, dass die Community beruhigt oder besänftigt war, weil ich das Vertrauen wiederhergestellt hatte, nun wurde auch das Interesse von Außenstehenden groß. Plötzlich wollten alle wissen, worum es sich denn bei dem Brief handelte und was man tun musste, um auch

so einen zu erhalten. Was war das für ein Kalender, der so einen Trubel auslöste?

An dem langersehnten Tag, an dem die Kalender nun aber *wirklich* geliefert werden sollten, stand ich weniger euphorisch als bei den vorherigen Terminen vor dem Büro, um mich vor einer erneuten Enttäuschung zu schützen. Die vergangenen Wochen waren so hart für mich gewesen, dass ich keinen weiteren Rückschlag hätte ertragen können. Auch der Rest des Teams wirkte sichtlich mitgenommen. Judith war durch ihre ständigen Albträume mindestens genauso am Ende wie ich. Als an diesem eisigen Dezembertag tatsächlich ein Lieferwagen rückwärts durch die schmale Einfahrt auf uns zufuhr, um eine Palette abzuladen, hätte man die klirrende Luft schneiden können. Wir alle standen um den ersten Karton herum, der gerade mit einem Cuttermesser geöffnet wurde. Fast gleichzeitig griffen wir hinein, um jeweils einen Kalender herauszuziehen und zu betrachten.

Es war totenstill.

Wir alle hatten einen Kalender in der Hand und denselben Gedanken im Kopf:

K A T A S T R O P H E

Es war ein Desaster. Ich starrte dieses Ding in meinen Händen an, das uns von vorne bis hinten nur Unglück gebracht hatte. Dieser Buchkalender hatte seinen Namen nicht verdient. Er wog nicht mehr als ein DIN-A5-Block und war mindestens genauso dünn. Dazu steckten die Butterbrotpapier-dünnen Seiten in einem wattierten Hochglanzcover, das beim Öffnen des Einbands fies knackte und quietschte. Das Papier war so durchscheinend, dass man auch noch das Design der drei Seiten dahinter und davor durchschimmern sah.

In meinem Kopf war nur noch Leere. Ich fühlte nichts, dachte nichts, konnte nur auf dieses Ding in meinen Händen starren. Ich musste kurz mit mir allein sein und suchte mir einen leeren Raum, wo ich hinter mir die Tür verschließen konnte. An einem Platz mit viel Tageslicht legte ich den sogenannten Kalender mal hier hin und mal da hin, drapierte hübsche Stifte und Washi Tape daneben, machte Fotos und schrieb etwas in den Kalender hinein.

Überdramatisiere ich das hier alles? Will mir mein Gehirn einen Streich spielen? Kommt meine Enttäuschung durch einen zu hohen Anspruch? Bin nur ich enttäuscht und die Kunden und Kundinnen werden den Kalender gar nicht als so hässlich empfinden?

Ganz egal, aus welcher Perspektive und in welchem Licht ich das Teil auch betrachtete: Die Wahrheit ließ sich nicht schönreden. Auf keinen Fall konnte ich diesen Kalender rausschicken. Das war nicht die Qualität und die Liebe zum Detail, die ich mit *Odernichtoderdoch* verkörpern wollte. Die ich verkörpern wollte, denn *Odernichtoderdoch* und ich waren untrennbar miteinander verbunden.

Nach einer halben Stunde ging ich zurück zu den anderen und teilte ihnen meine Entscheidung mit – es kam kein Protest, kein Gegenargument, kein: „Aber so schlimm ist es doch gar nicht." Es war schlimm und wir waren uns einig. Ich fühlte mich, als hätte ich alles verloren und vergeigt.

Kapitulierend fotografierte ich den grässlichen Kalender und erzählte die Geschichte in einem Posting auf *Instagram*. Erzählte die ganze Wahrheit und beichtete meine Fehler, die ich in meiner Naivität und Euphorie gemacht hatte. Ich machte mich im Internet komplett nackt, denn ich hatte nichts mehr, was ich noch in Aussicht stellen konnte. Aber ich gab meiner Community ein Versprechen: Dass ich nicht aufgeben würde, ehe ich nicht den schönsten Kalender in den Händen hielte, den ich mir vorstellen könne.

Noch im Dezember fanden wir eine neue und diesmal regionale Druckerei, die sogar einen Mitarbeiter persönlich vorbeischickte, um sich unsere Geschichte anzuhören und den „Kalender des Grauens" zu begutachten. Er war sichtlich geschockt über den Kalender und über die Art, wie wir behandelt worden waren. Über den „Papierspezialisten" lachte der Mitarbeiter der Druckerei besonders laut, denn er sagte, dass das verwendete Papier nicht im Geringsten für den vorgesehenen Zweck geeignet sei.

Die Palette mit den hässlichen Kalendern wurde erst mal in eine dunkle Ecke der Burg verbannt. Die Frage, ob wir rechtlich noch eine Chance hätten, Geld für die erste Lieferung zurückzubekommen, verschoben wir ebenfalls. Das war aktuell einfach nicht unsere Priorität. Nun ging es um unseren Traum vom Kalender und die zeitnahe Produktion, um noch vor Weihnachten alle Bestellungen rausschicken zu können – und zwar in einer Qualität, die alle umhauen sollte. Im positiven Sinne!

Wenige Tage nach unserem Gespräch stand der Drucker persönlich mit einem handgebundenen Exemplar unseres Kalenders vor der Tür. Das, was er uns da präsentierte, trieb uns allen die Tränen in die Augen. Wir konnten es nicht fassen: *Das* war der Kalender, den wir uns erträumt hatten. Das war die Qualität, die wir bieten wollten. In diesem Moment war der Mann, der wahrscheinlich gar nicht wusste, wie er mit diesem emotionalen Haufen umgehen sollte, unser persönliches Weihnachtswunder.

Wir hatten die Kurve gekriegt, gerade noch so, und bestellten eine Auflage von 5.000 Stück, weil die Nachfrage durch das ganze Drama um den Kalender in die Höhe geschossen war – eine ungeplante, aber sehr erfolgreiche Marketingstrategie, auf die wir trotzdem gerne verzichtet hätten. Jeder wollte ein Teil dieser Geschichte sein. Wir packten tagelang bis tief in die Nacht bei Plätzchen, Weihnachtsmusik oder „Die Känguru-Chroniken"

Kalender ein. Das gesamte Team zog an einem Strang und schleppte selbst am Wochenende den Feiertags-Familienbesuch mit, um gemeinsam zu packen. Was war das bisschen Packstress schon gegen den Horror der vergangenen Wochen? NICHTS. Gar nichts.

Gemeinsam hielten wir das Versprechen, das ich in meiner tiefsten Verzweiflung auf *Instagram* gegeben hatte: Wir lieferten den schönsten Kalender, den ich mir vorstellen konnte. Unsere Kund*innen freuten sich über ihre Weihnachtspakete und ich hatte wieder viel gelernt. Über Vertrauen und Abhängigkeit, über Zusammenhalt und Transparenz – und über die Stärke, die in mir steckt, wenn ich mir und meinen Werten treu bleibe.

Trotz all der positiven Energie, die ich aus dieser Geschichte ziehen kann, kämpfe ich bis heute mit der Mauer, die auch vorher schon da war, die mir aber nun noch dicker und höher erscheint. Ich möchte nie wieder so tief enttäuscht werden.

2016

AUF INS NÄCHSTE ABENTEUER

:odernichtoderdoch

Unzählige Tränen und
Mutanfälle später hielten
wir unseren perfekten
Abenteuerkalender
endlich in den Händen.

Die Fassade
einer rosaroten Welt

Dank der Erfahrung, die wir durch die Geschichte mit dem Kalender machen durften, wurde uns klar, dass unser Unternehmen eine Dimension erreicht hatte, in der wir professionelle Strukturen aufbauen mussten. Mal eben hier etwas zu bestellen und dort etwas in Auftrag zu geben, war schlichtweg unverantwortlich. Auch räumlich mussten wir uns verändern, denn unser Büro platzte schon längst wieder aus allen Nähten. Was wir einst als Fotostudio geplant hatten, war für unsere Agentur, das *Lichtpoesie*-Team und unser Schreibwaren-Unternehmen einfach viel zu klein geworden.

Wieder einmal stand also ein Umzug an – wie viele waren es bisher? Nun sollten die Räumlichkeiten wirklich so groß sein, dass sie für einen längeren Zeitraum und all unsere Unternehmensbereiche passen würden. Anfang 2016 zogen wir etwas außerhalb der hippen Münsteraner Viertel in ein riesiges Gebäude – die Wesi. Wie bei der Burg war der Name angelehnt an den Straßennamen des Standorts. Die neue Fläche befand sich in einem Gewerbegebiet und wurde zur Hälfte als Lager für unsere

Produkte und unser Shooting-Equipment genutzt, in der anderen Hälfte sammelten sich immer mehr Mitarbeiter*innen für *Odernichtoderdoch*, *Lichtpoesie* und *100TAUSENDLUX*. Das große, sonnendurchflutete Atrium wurde unser Mittagessen-Treffpunkt. Aus meiner Selbstständigkeit, die in einem kleinen WG-Zimmer ihren Anfang genommen hatte, war – gefühlt nur innerhalb eines Wimpernschlags – ein riesiges Unternehmen geworden, das in den großen Räumlichkeiten mit den vielen Mitarbeiter*innen einem summenden Bienenstock glich. Die unterschiedlichsten Positionen wurden mit neuen Kolleg*innen besetzt. Wir stellten sogar Menschen für das Einstellen von Menschen ein, sodass ich komplett den Überblick darüber verlor, wer da eigentlich tagtäglich durchs Büro lief und zu uns – zu mir – gehörte. Ich merkte, wie ich immer mehr Halt in meinem kleinen Designteam suchte, als das Drumherum größer und größer wurde.

Niklas und ich waren zu diesem Zeitpunkt seit fast vier Jahren ein Paar und hatten unglaublich viel zusammen erlebt. Wir hatten viel gewonnen, aber auch viel verloren. Seit Jahren trafen wir uns außerhalb der Arbeit kaum mit Menschen, und Zeit für Hobbys gab es sowieso nicht. Wir hatten bis zu diesem Zeitpunkt nicht gemerkt, wie sehr wir uns immer nur in denselben Bahnen bewegt hatten, und wie einsam wir zusammen waren. Um so etwas wie ein Privatleben zurückzuerlangen – ich fragte mich, ob wir das als Paar je gehabt haben? – zogen Niklas und ich aus dem von uns nur spärlich eingerichteten Ex-Studio in eine größere Wohnung – ein 100 Quadratmeter großes offenes Dachgeschoss in einem Hinterhof, wunderschön! Wir hofften, uns mit diesem neuen Zuhause auch mal auf den Feierabend freuen zu können und – was ganz ungewohnt und neu war – einen Sonntag einfach nur auf der Couch zu verbringen. Netter Plan, aber der ging leider so gar nicht auf.

Durch die Arbeit mit vielen Freiberuflichen aus anderen Städten waren wir selten allein in unserem neuen Rückzugsort. Oftmals diente unser Sofa als Schlafplatz, weil für Hotels einfach kein Geld übrig war. Unsere Einnahmen steckten wir sofort wieder in die Weiterentwicklung unseres Unternehmens. Wir investierten in Produkte, die Miete, die Mitarbeiter*innen, Marketingkampagnen oder die Büroausstattung. Alles war auf einmal so groß, so viel, so teuer. Die Verantwortung für das Konstrukt, das wir uns da zusammengebaut hatten, lastete tonnenschwer auf mir und ich fühlte mich zunehmend unwohl. Das ganze Business-Know-how war so oder so noch nie mein Spezialgebiet gewesen, doch auch das, was mir eigentlich lag, drohte mir gerade komplett zu entgleiten, weil ich mich nicht mehr konzentrieren konnte. Es kam nun immer öfter vor, dass ich in meinem Büro, das eigentlich ein Wohlfühlort für mich gewesen war, Menschen begegnete, die ich noch nie gesehen hatte. Praktikanten und Praktikantinnen gingen ein und aus, ohne dass ich in den Monaten, die sie in meinem Unternehmen verbrachten, je mit ihnen gesprochen hatte. Wieder kämpfte ich mit meinem Anspruch an mich selbst, an mein Unternehmen und an mich als Chefin. Wie unhöflich war es, dass ich nicht alle Namen kannte? Ich wusste teilweise nicht mal mehr, wem ich mich schon vorgestellt hatte und wem nicht. Da waren einfach so viele Leute!

Durch den Versuch, unsere Strukturen an die Größe des Unternehmens anzupassen, professionalisierten sich auch die Packprozesse im Lager, die vorher stets von liebevollen Schleifchen, Kekskrümeln und saisonalen Playlists bestimmt worden waren. Mir wurde alles so fremd. Mal eben abends zu packen, was mich immer so entspannt hatte, war nicht mehr möglich. Alles hatte seine Ordnung, seine Regeln, und für alles war nun irgendjemand zuständig. Das Gefühl, die Kontrolle zu verlieren, schnürte mir die Kehle immer enger zu.

Ich verhielt mich in meinem Frust und in meiner Hilflosigkeit wie ein bissiges, in die Enge getriebenes Tier. Es war meistens Niklas, der all das abbekam und den ich damit konfrontierte, dass hier gerade absolut nichts in Ordnung war. Alles, was er machte und was er sagte, regte mich auf. Er musste mich nur angucken und ich war auf 180. Im Büro flogen ständig die Fetzen, wir stritten uns täglich vor aller Augen – dank der Industrial-Glaswände und dem hellhörigen Layout auch vor aller Ohren. Es war wahnsinnig belastend und unangenehm für alle. Ich fühlte mich fremd und hilflos und überfahren, fühlte nur noch Wut und Verzweiflung. Auch unsere Produkte bekamen meine innere Zerrissenheit zu spüren. Ein Produkt nach dem anderen floppte. Mein sonst so gutes Bauchgefühl ließ mich im Stich.

Ich verlor mich und einen Teil meiner Stärke, überließ anderen die Entscheidungsgewalt bei Dingen, die ich eigentlich besser wusste. Ich war so müde und so leer – alles war mir egal. Ich wollte die Verantwortung für all das nicht mehr tragen. Das konnten andere bestimmt viel besser als ich, dann sollten sie es doch einfach tun und mich in Frieden lassen. Ich traf eine schlechte Entscheidung nach der anderen und immer kam die Retourkutsche, die böse Wunden hinterließ. Wenn es um die Besetzung einer Stelle ging, waren persönliche Enttäuschung und Frust auf beiden Seiten an der Tagesordnung. Waren es Produkte, ging es direkt um Verluste im fünf- bis sechsstelligen Bereich, weil wir die Ware nicht verkaufen konnten, egal, wie sehr wir sie auch reduzierten. Ich hatte mich und meine Leidenschaften einfach komplett aufgegeben und mich von allem entfremdet.

Es war nicht mehr mein Spielfeld. Ich saß am Rand. Wieder auf der Bank. Wieder unsichtbar. War wieder die „kleine Jojo".

Als Niklas und ich uns eines Tages wieder einmal so heftig stritten, dass wir uns nur noch verletzende Dinge an den Kopf warfen, traf ich eine Entscheidung. Ich wollte nur noch weg, am liebsten weit weg. Alles hinter mir lassen und neu anfangen, aber das Unternehmen und mein Team brauchten mich, und egal, wie fremd ich mich zwischenzeitlich fühlte, würde ich die Menschen niemals im Stich lassen, die mir vertrauten und auf mich als Chefin bauten. Ich musste es auch so irgendwie hinbekommen.

Meine Lösung: Ich plante eine kleine Flucht, statt sofort alle Zelte abzubrechen. Einen Tag nach dem großen Streit suchte ich mir ein WG-Zimmer und sagte sofort das Erstbeste zu, das ich mir angesehen hatte. Es war mir so egal, wer da noch so wohnte. Die WG lag genau zwischen dem Büro und unserer gemeinsamen Wohnung, das Zimmer hatte 20 Quadratmeter und war bezahlbar. Es war mein perfekter Zufluchtsort. Ein Ort, an dem ich seit Jahren das erste Mal wieder allein sein konnte. Ganz allein mit mir.

Auch optisch sah man mir den Wandel an. Ich ließ mir meine fast hüftlangen Haare zu einem Long Bob schneiden und trug statt rosa Kleidchen ausschließlich enge schwarze Jeans und graue oder weiße Oberteile. Ich zeigte mich nach außen, wie es in mir aussah: farblos, kühl, hart. Ich hoffte, mit meinem neuen Look wenigstens von der Erscheinung her wie eine erwachsen gewordene, ernst zu nehmende Frau zu wirken, die ihr Leben und ihr Unternehmen im Griff hat. Ich wollte so sehr die erfolgreiche Unternehmerin sein.

Wieso fühle ich es denn nicht?

Niklas flüchtete etwas weiter weg und fuhr in den Skiurlaub, aber nur für absehbare zwei Wochen. Wir vereinbarten, uns in dieser Zeit etwas Raum zu geben und einfach mal nicht zu schreiben oder zu telefonieren. Ich konnte ihn einfach nicht ertragen

Ich kommunizierte meinen Auszug auf *Instagram* mit den Worten: „Mein Leben war bunt, jetzt beginne ich wieder schwarz-weiß."

und war so genervt, dass ich mir nicht vorstellen konnte, jemals wieder etwas anderes als ein Augenrollen für ihn zu empfinden.

Mein Auszug, mein neuer Look und unsere räumliche Trennung sorgten auf meinem privaten *Instagram*-Kanal für jede Menge Gesprächsstoff. Viele sahen in diesem Schritt Mut, Hoffnung und Kampfgeist, andere warfen mir absurde Dinge vor und entluden in ihren Nachrichten an mich all ihren Frust aus der eigenen Beziehungskiste. So blöd es auch war, manche Vorwürfe und Spekulationen lesen zu müssen, desto mehr festigte sich in mir aber auch der Gedanke, dass unsere Beziehung doch nicht so kaputt war, wie ich dachte. Wir hatten uns einfach durch all den Stress und das ständige Aufeinanderhocken der vergangenen Jahre komplett aufgerieben. Keiner von uns hatte eine Privatsphäre, Hobbys oder eigene Freund*innen. Wir hatten nur uns, unser Team und unser Unternehmen – das bei der Größe, die es mittlerweile angenommen hatte, nur noch aus immer neuen Herausforderungen, Verantwortung und Risiko bestand. Wir nahmen uns vor lauter Arbeit nie die Zeit, um herauszufinden, was uns wirklich wichtig war und was wir brauchten, um glücklich zu sein.

Das galt es nun herauszufinden.

Bereit für ein echtes Wir

Dass wir beide an unserer Beziehung festhalten wollten, wurde Niklas und mir schon bei unserem ersten Telefonat nach seinem zweiwöchigen Skiurlaub klar. Wir wollten nur nichts überstürzen und nicht gleich wieder alles kaputtmachen. Unser erstes neues

Beschnuppern war, als würden wir uns ganz neu kennenlernen. Wir waren vorsichtig, wollten dieses leichte Gefühl des gegenseitigen Vermissens, das wir beide noch nie kennengelernt hatten, nicht direkt wieder zerstören. Wir versuchten, so wenig es ging über das Unternehmen zu reden und fuhren für ein langes Wochenende nach Antwerpen. In den vergangenen Jahren waren wir zwar oft gemeinsam unterwegs gewesen, aber Urlaube waren das selten. Dieser Trip war für uns dementsprechend besonders. Die neuen Eindrücke, die schönen Läden und Cafés, die Sprache, die ich sehr liebe, und die coolen Locations waren eine Welle der Inspiration für uns. Auf einmal waren wir wieder auf einer Wellenlänge, fantasierten, wie schön es wäre, dort irgendwann gemeinsam eine kleine Wohnung zu haben, in die wir an manchen Wochenenden fahren könnten.

In diesen wenigen Tagen wurde mir klar, dass da noch etwas zwischen uns war – wir hatten uns nicht verloren oder entfremdet. Wir waren nur begraben unter der gemeinsamen Last eines zu schnell wachsenden Unternehmens.

Mit neu entflammter Motivation begannen wir, gemeinsam an uns zu arbeiten. Ich blieb weiterhin in meinem WG-Zimmer, aber wir verabredeten uns regelmäßig, mal in unserer gemeinsamen Wohnung und mal bei mir, kochten gemeinsam oder gingen essen. Wir versuchten, das Leben ein bisschen mehr auszukosten und zu entdecken, was die Welt außerhalb unserer Büroräume noch für uns zu bieten hatte.

Nach dem Antwerpen-Trip war meine Inspiration zurückgekehrt und kurze Zeit später wuchs aus ihr eine Schwester für *Odernichtoderdoch*: Die erwachsenere Produktlinie *JO & JUDY*, die wir schon bald als eigene Marke ausgründeten. Auf der Inspirationswelle reiste ich in den folgenden Wochen mal mit Niklas, mal in Begleitung meines Teams nach Kopenhagen, Berlin und

Amsterdam und genoss den frischen Wind, den jede Stadt mit sich brachte.

Nach ein paar Monaten der Beziehungsarbeit und dem erneuten Antasten, sprachen wir wie selbstverständlich – und ganz ohne große Romantik, ohne Ring und ohne Antrag – darüber, dass wir bereit für den nächsten Schritt seien. Heiraten und Familiengründung waren auf einmal unsere Themen, die zum Greifen nah waren. Und ein gemeinsames Haus, ganz weit draußen, fernab von allem Stress. Ein Ort, an dem unsere Kinder in einem großen Garten spielen und in den Ästen von Obstbäumen klettern könnten. Ich träumte davon, unserem Nachwuchs zu zeigen, wie man Staudämme baut oder Kaulquappen fängt. Ich war bereit, die Arbeit ein Stück in den Hintergrund zu rücken, um Mama zu werden.

Meinen Verlobungsring suchten wir gemeinsam aus und zusätzlich ließen wir uns beide das minimalistische Zeichen für „forward" tätowieren – zwei angedeutete Pfeile. Dies war ein Symbol für eine gemeinsame Zukunft und einen gemeinsamen Weg.

Mit dem Einzug in unser Traumhaus inmitten von Feldern und am Rande eines Waldes fühlte ich mich angekommen. Es war genau, wie ich es mir in meinen Träumen ausgemalt hatte. Eine schmale Brücke führte von unserem Grundstück über einen kleinen Bach in einen märchenhaft anmutenden Wald, die Obstbäume trugen saftige Birnen, Kirschen und Äpfel, und in der Nacht hörte man nur die Geräusche des Waldes. Doch die Idylle war trügerisch. Denn egal, wie weit hinaus in die Natur wir auch fuhren und wie sehr wir uns ein bisschen mehr auf unser Privatleben fokussieren wollten, die Probleme, die sich in unserem Unternehmen häuften, saßen mit im Auto.

Wir waren einfach zu schnell gewachsen, hatten unbedacht zu viele und teilweise leider auch die falschen Leute eingestellt. Das

Team lief nicht rund und täglich gab es Stress, Probleme und Sorgen. Überall merkte man, dass es an Struktur und einem gewissen Fundament fehlte. All das hatten wir niemals aufgebaut oder erlernt, weil wir durch *Instagram* und die Anfänge dessen, was heute professionelles Influencer-Marketing ist, mehrere Entwicklungsschritte übersprungen hatten. Aus der Not heraus mussten wir überlebenswichtige Entscheidungen für das Unternehmen mit improvisiertem Wissen treffen – und wir lagen wohl zu oft daneben. Unser Unternehmen glich einem Flickenteppich, war ein riesengroßes, wackeliges Gerüst, und all diese Menschen saßen mit uns obendrauf.

In der Hoffnung, dieses wackelige Gerüst mit Liebe und dem Zeichen von Zusammenhalt nach all der Zeit des Streits zu stabilisieren, heirateten Niklas und ich im Oktober 2016 umgeben von unseren Mitarbeiter*innen und im engsten Familienkreis. Ein doppelstöckiger roter Bus holte uns an unserem großen Tag im Büro ab, fuhr die gesamte Mannschaft zum Standesamt und brachte uns auch wieder zurück ins Büro zum Cocktailempfang. Es war ein schöner und lustiger Tag, aber wenn ich jetzt, einige Jahre später, auf die Fotos schaue, sehe ich auf jedem einzelnen Foto einen ungeladenen Gast: die Sorge. Ein weiterer schmerzlicher Reminder ist die Tatsache, dass über 80 Prozent der Gesichter auf unseren Hochzeitsfotos nicht mehr Teil unseres Unternehmens, unseres Lebens, sind. Unsere Hochzeit, an deren Planung ich nicht beteiligt war, weil ich selbst stattdessen den dazu passenden Hochzeitsplaner für *Odernichtoderdoch* gestaltete, war mir genauso fremd geworden, wie alles andere, was das Unternehmen betraf.

Retten, was zu retten ist

Zum Jahresanfang 2017 gab es – ausgelöst durch eine Mitarbeiterin, die zur Sprache brachte, dass sie sich mit Blicken bewertet fühle, wenn sie etwas später zur Arbeit komme – ein wirklich gutes Gespräch im Team. Nicht, dass wirklich jemand schräg angeguckt wurde, der etwas später kam – wir hatten von Anfang an Gleitzeit auf Vertrauensbasis eingeführt –, aber durch die ständig wechselnden Monatspraktikant*innen waren wir nicht sehr vertraut miteinander und konnten uns gegenseitig kaum einschätzen. Nach dem ungemütlichen, aber so unglaublich wichtigen Gespräch erarbeiteten wir gemeinsam ein paar Maßnahmen, die uns dabei helfen sollten, uns wohler zu fühlen und vertrauter miteinander zu werden. Wir kauften Farbe und gestalteten unser Großraumbüro, welches kurz zuvor noch als Lagerraum gedient hatte, gemeinsam um. Außerdem richteten wir uns eine Teeküche ein und frühstückten ab sofort jeden Morgen gemeinsam an einem langen Tisch, an dem wir uns nun auch zur Mittagspause trafen. Neue Teammitglieder wurden direkt beim gemeinsamen Frühstück mit einer lustigen Kennenlernfrage, wie zum Beispiel der Frage nach dem Wunschhaustier, wenn alles erlaubt wäre, integriert. Nicht nur die Neulinge mussten antworten, sondern das gesamte Team war gefragt. So stand niemand zu lange allein im Mittelpunkt und niemand wurde vergessen. Die neu gewonnene Vertrautheit, die ich in meinem Unternehmen so lange schmerzlich vermisst hatte, tat mir gut, konnte aber nicht über das allgemeine Gefühl der Hilflosigkeit hinwegtäuschen, das mich fest im Griff hatte.

Um nach außen hin die Fassung zu bewahren und das Team nicht mit verheerenden Hintergrundinfos zur Lage des

Unternehmens zu belasten, flüchtete ich mich in die Entwicklung und Gestaltung neuer Produkte, suchte Inspiration in Ländern wie England oder den Niederlanden und versuchte, die hartnäckige dunkle Wolke der Existenzangst, die durchgehend über mir schwebte, zu ignorieren.

Unser Vertriebsmodell war – und ist – hecklastig. Das heißt, wir verdienen durch Geschenkartikel und Kalender hauptsächlich am Ende des Jahres Geld, während wir in der ersten Jahreshälfte, in der wir wenig verdienen, die Produkte einkaufen und produzieren lassen müssen. Artikel wie Postkarten, Notizblöcke oder Tassen sind zwar ganzjährig gefragt, wir erzielten damals jedoch nie die Verkaufsmengen, die wir gebraucht hätten, um die neuen Produkte vorfinanzieren zu können. Im Laufe weniger Jahre und einiger teurer Fehler manövrierten wir uns immer tiefer in eine hohe Verschuldung hinein. In meiner Verzweiflung unterschrieb ich blind alles, was mir hingehalten wurde. Niklas und ich sammelten Bürgschaften wie Pfandflaschen, und schon bald waren wir bei solch hohen Summen angelangt, dass ich nur noch alles ausblenden und ignorieren konnte. Ganz nach dem Motto: Was ich nicht sehe, ist nicht da.

Meine bisher vertretenen Werte wie Transparenz und Nähe zur Community waren mir vollkommen entglitten und es passierte etwas, das ganz und gar nicht meins war: Ich musste, wir mussten eine Fassade aufrechterhalten, und zwar auf allen *Instagram*-Kanälen – *odernichtoderdoch.de, joandjudy* und *joanaslichtpoesie*. Die Fassade einer rosaroten Welt, in der alles in Ordnung war, sollte im Internet bestehen bleiben.

So machen das die anderen Marken auf Instagram schließlich auch, also ist das schon in Ordnung, oder?

Bei uns war ganz und gar nichts in Ordnung. Wir taten online und offline alles, um Produkte zu verkaufen. Wir planten lustige

Aktionen, gestalteten liebevolle Newsletter und Rätselbilder, setzten viel zu hohe Rabatte fest, weil Liquidität vor Gewinn kam. Wir verschenkten Goodies, Gutscheine und Versandkosten, wir hätten gesungen oder Purzelbäume gemacht, wenn es geholfen hätte.

Die allmonatliche Sorge, die Gehälter nicht zahlen zu können, brachte mich fast um den Verstand. Um mich davor zu schützen, baute ich fleißig weiter an meiner Mauer, die mich vor Enttäuschung bewahren sollte, falls eines Tages alles über uns zusammenbrechen würde.

So sehr das gesamte Team auch an einem Strang zog, um das Unternehmen am Leben zu halten – ohne überhaupt in Details eingeweiht worden zu sein – so sehr bröckelte die rosarote Fassade aber auch zunehmend innerhalb des Teams. Schon vor einigen Monaten war unser Lager samt Packelfen vom Gewerbegebiet ins Industriegebiet umgezogen – Hochregal und Gabelstapler statt lichtdurchflutetem Atrium. Notwendig, professioneller, aber auch sehr viel weniger rosarot und persönlich. Als über diesem Lager schließlich eine Firma aus ihren Büroräumen auszog und damit eine große Fläche frei wurde, zogen wir wieder einmal um und vereinten unsere Teams erneut. Ein bisschen mehr Nähe würde uns sicher wieder guttun, auch wenn die neuen Räumlichkeiten dank Teppichboden und Waschmaschinen-Werbebranding des Vormieters so gar nicht unserer Ästhetik entsprachen. Leider vollzog sich die Annäherung an die Kolleg*innen im Lager wirklich nur räumlich, denn irgendwie war da so etwas Unausgesprochenes, das uns trennte. Auf einmal waren wir „die da oben" und alle Mitarbeiter*innen der Logistik waren „die da unten". Auch wenn mit „oben" und „unten" ursprünglich nur die Etagen gemeint waren, vermittelte diese Kategorisierung ungewollt ein Gefühl der Hierarchie – und das gefiel mir gar nicht. Ich hätte gerne irgendetwas dagegen unternommen, aber hatte leider jegliches Gefühl für meine Mitarbeiter*innen und die Prozesse in der Logistik verloren. Während ich es früher geliebt hatte, unsere Produkte liebevoll in Seidenpapier einzuschlagen und mit Stickern zu versehen, mied ich das Lager nun, um nicht in die Situation zu kommen, mich in meinen eigenen Räumlichkeiten wie unter Fremden zu fühlen. Was ich mir damals noch nicht eingestehen wollte: Ich war längst die Fremde. Egal, ob oben oder unten.

Zu viel Real Life für Instagram

Es stellte sich heraus, dass ich nicht nur mit all den Dingen überfordert war, die um meinen Schreibtisch herum passierten, sondern auch mit denen, die auf meinem Schreibtisch vor sich gingen – oder eben nicht vor sich gingen. Die Menge an kleinteiligen Aufgaben meiner verschiedenen Bereiche und Verantwortungen im Unternehmen überforderten mich täglich und ich wusste einfach nie, wo ich anfangen sollte. Da unser Team stetig wuchs, hatten wir angefangen, gemeinsam in verschiedenen Programmen zu arbeiten. So füllte sich mein Postfach täglich nicht nur mit Kooperationsanfragen, sondern auch mit unzähligen Notifications von digitalen Kalendern, Firmenchats, Projektmanagement- oder Design-Programmen. Um mich irgendwie über Wasser zu halten, musste ich meinen Stolz über Bord werfen und mir eingestehen, dass ich allein nicht in der Lage war, da noch durchzusteigen. Ich startete auf *Instagram* den Aufruf für eine persönliche Assistentin – die Überschrift des Postings lautete: „Der Teufel trägt Pantoffeln", angelehnt an den Film „Der Teufel trägt Prada". Es sollte lustig klingen, um meine Verzweiflung mit

Humor zu kaschieren. Ich merkte selbst, wie schwierig es für mein Team und die Kooperationspartner war, mit mir zu arbeiten. Ich brauchte dringend jemanden an meiner Seite, der mir Struktur gab, für mich Prioritäten setzte und meinen Kalender pflegte.

Wieder einmal war ich meiner großen Community dankbar, denn es dauerte nicht lange, bis mir Melanie gegenübersaß. Wir waren fast gleich alt und sahen vom Typ her sogar ähnlich aus, was mich nicht nur einmal zu dem Wunschgedanken verleitete, sie wie bei „Das doppelte Lottchen" einfach an meiner Stelle zu dem einen oder anderen Management-Meeting zu schicken, zu denen ich so ungern ging.

Mit meiner Assistentin wurde mir zumindest psychisch eine große Last von den Schultern genommen und ich hatte endlich Kapazitäten für Neues. Beispielsweise für die Bedeutung, die dieser kleine Gegenstand in meinen Händen Ende 2017 hatte: einen positiven Schwangerschaftstest. Nach einem Jahr der allmonatlichen Enttäuschung, die irgendwann in die Angst übergegangen war, das eine von sieben Paaren zu sein, das für sein Wunschkind einen langen und beschwerlichen Weg auf sich nehmen muss, war der Tag endlich gekommen.

Die ersten Wochen der Schwangerschaft waren trotz der Glücksgefühle wirklich hart. Ich war müde und unkonzentriert. Darüber hinaus fiel es mir schwer, diese für mich so lebensverändernde neue Nachricht nicht sofort allen zu erzählen, denn das Baby war mein Lichtblick zwischen all den Gewitterwolken – alles, was ich mir je erträumt hatte. Meine ADHS-Medikamente konnte ich nun nicht mehr nehmen und ich quälte mich dementsprechend jeden Tag am Rechner mit Aufgaben, die mir sonst leichter von der Hand gegangen waren. Mein Kopf war zu nichts mehr zu gebrauchen und ich fühlte mich wie eine weitere Last, die das Unternehmen und mein Team zu stemmen hatten, wenn ich tausendmal an alles erinnert werden musste. Hier fehlte ein Feedback, da eine Freigabe, dort ein Design, und diesen Termin hatte ich nicht einmal eingetragen – Melanie übersprang die Eingewöhnungsphase und wurde sofort zur Anlaufstelle für alles, was mich betraf. Das Impostor-Syndrom (das Gefühl, im eigenen Berufsfeld nur ein*e Hochstapler*in zu sein, der oder die jeden Moment auffliegen könnte) war eigentlich nie etwas, mit dem ich mich groß identifizieren konnte. Doch plötzlich fühlte ich mich wie die größte Schwindlerin überhaupt.

Was mache ich den ganzen Tag hier, wenn ich nichts auf die Reihe kriege? So langsam merken doch auch die anderen, dass ich einfach nur ein Papier auf das andere schiebe. Fragen sie sich schon, was ich den ganzen Tag mache und mit welcher Berechtigung ich hier monatlich mein Gehalt bekomme?

Diese Selbstzweifel waren nun Teil meines täglichen Gedankenkarussells und hörten leider auch dann nicht auf, ihre Runden zu drehen, als ich mein Geheimnis in der 16. Schwangerschaftswoche endlich öffentlich machte. Die Schwangerschaft im Büro und auf *Instagram* zu verkünden, war dennoch eine Befreiung für mich. Endlich konnte ich auch offener mit den Schwangerschafts- und Babyprodukten umgehen, an denen ich schon seit einiger Zeit heimlich und mal mehr oder weniger konzentriert arbeitete. Eine weitere Produktlinie bei *Odernichtoderdoch* würde ganz authentisch mit dem Baby in meinem Bauch heranwachsen, gefüllt mit meinen ganz persönlichen Erfahrungen, so, wie es auch schon bei den Hochzeitsprodukten der Fall gewesen war – das fühlte sich endlich mal wieder richtig an.

Absurd, wie sehr eine Schwangerschaft das eigene Leben auf den Kopf stellt. War mein Handeln vorher zu 100 Prozent selbstbestimmt, gab es auf einmal jede Menge Regeln, die es einzuhalten galt. Noch bevor ich mich in Ruhe mit all den neuen Dos & Don'ts auseinandersetzen konnte, warteten auf meinem *Instagram*-Profil hunderte von gut und weniger gut gemeinten Nachrichten und Kommentaren auf mich. Mir wurde gesagt, was ich essen oder trinken sollte oder auf keinen Fall durfte, wie schwer ich heben oder wie viel ich mich bewegen sollte. Wie oft und in welcher Intensität ich ärztlich untersucht werden müsste und welche Ausdünstungen von Wandfarben meinem Ungeborenen garantiert lebensgefährlich schaden würden. Selbst bei meinem selbst genähten Kuscheltier wurde angemerkt, dass sich ja hier und da eine Naht lösen könnte und das Kind dann am Futter ersticken würde. Alles, was ich tat oder nicht tat, wurde beäugt und in Echtzeit bewertet.

„Lakritz? Ja weißt du denn nicht, dass …"

„Kaffee, ernsthaft?"

„Das hast du allein getragen?"

„Ist das normaler Nagellack auf deinen Fingernägeln?"

„Die Pflanzen sind übrigens giftig."

„Du hast mit der Katze gekuschelt, nachdem du ihr das Flohmittel gegeben hast?"

Mit „nett gemeint" brauchte mir irgendwann niemand mehr kommen – ich war doch nicht bescheuert! Nach wenigen Monaten Schwangerschaft öffnete ich *Instagram* nur noch mit einer angriffslustigen Einstellung. Allzeit bereit, jeden neuen Kommentar sofort abzuschmettern. Im besten Fall schrieb ich, während ich etwas für eine Story filmte, schon direkt die Hinweise mit aufs Bild. Etwa Dinge wie „JA, ICH WEISS, DASS …" – immer mit einem dezent passiv aggressiven Touch, der sich nach und nach in meinen Storys festbiss, weil ich einfach so genervt von der ständigen Bewertung war.

Wenn mich online oder offline jemand auf meine Schwangerschaft ansprach, und fragte, wie es mir gehe, sagte ich meist Dinge wie: „Bin froh, wenn er endlich da ist", was übersetzt so viel hieß, wie: „Ganz ehrlich? Ich hasse es, schwanger zu sein." Und genau so war es.

Neben angriffslustig, taff, abgeklärt, stark und genervt, war ich hauptsächlich eines: unglücklich. Ich wollte doch so gern die strahlend schöne und unfassbar glückliche Schwangere sein, die ich mir in meinen Träumen immer ausgemalt hatte. Die mit dem Glow, die hochmotiviert die ersten Hemdchen in die Wickelkommode faltet.

Als ich dann ungefähr in der 26. Schwangerschaftswoche den Brief mit dem Ergebnis meines Zuckertests erhielt und mir die Diagnose „Schwangerschaftsdiabetes" entgegensprang, konnte ich einen ganzen Tag lang nur noch heulen. Noch mehr Regeln! Keinen Weizen, keinen Zucker – eigentlich durfte ich nichts mehr essen, was ich sonst gern aß. Und ich beschloss, diese Diagnose für mich zu behalten und nicht auf *Instagram* zu teilen.

Als der Sommer kam und ich im Büro wirklich zu nichts mehr zu gebrauchen war, weil ich im Sitzen kaum noch Luft bekam, zählte ich die Tage bis zum Mutterschutz. Ich sehnte mich nach dieser Zeit, in der ich einfach mit mir allein sein konnte, um mich endlich in Ruhe auf die Geburt vorzubereiten. Als es endlich so weit war und ich meinen letzten Tag im Büro abhaken konnte, bestellte ich mir ein großes Planschbecken und trieb tagein, tagaus mit meinem dicken Bauch in einem Schwimmring im Wasser, erledigte letzte Online-Bestellungen, schaute auf *YouTube* unzählige Geburtsberichte und packte voller Vorfreude meine Kliniktasche. Ich hatte es bald geschafft. Das Ende der Schwangerschaft war absehbar und bald hätten wir endlich ein Baby! Hier in unserem Haus auf dem Land, malerisch am Wald und zwischen den Feldern gelegen. Das würde einfach wunderschön werden und ich konnte es nun wirklich kaum mehr abwarten. In mir war kein Fünkchen Angst vor der Geburt und ich hatte auch keine Angst vor der Zeit mit dem Baby, das würden wir schon alles hinbekommen. So unbefangen hatte ich mich schon lange nicht mehr auf etwas gefreut – endlich!

Eines Nachts im Juli wurde ich plötzlich von einem Ziehen geweckt und wusste intuitiv, dass es losging. Es war einen Tag nach dem errechneten Entbindungstermin und ich musste erst mal kurz vor Freude und Erleichterung weinen, weil die Geburt aufgrund meiner Schwangerschaftsdiabetes in spätestens ein bis zwei Tagen hätte eingeleitet werden müssen – das wollte ich auf keinen Fall. Ich wollte, dass mein Sohn selbst entscheiden konnte, wann er auf die Welt kommen möchte.

Ich ließ Niklas schlafen, zog mich in Ruhe an, packte die letzten Teile in die Kliniktasche und wuselte durchs Haus. Während ich mit einer Wehenzähler-App die Kontraktionen aufzeichnete, kam Niklas noch ganz verschlafen nachsehen, was ich denn so früh für einen Trubel im Haus veranstaltete. Noch waren die Abstände lang und die Wehen nicht besonders schmerzhaft – kein Grund zur Eile. Ich wollte die Fahrt ins Krankenhaus unbedingt so lange wie möglich hinauszögern. Im Krankenhaus noch zwei bis drei Stunden spazieren gehen zu müssen, weil ich die Intensität der Wehen falsch eingeschätzt hatte, wollte ich nicht riskieren. Das wäre mir wirklich unangenehm gewesen. Wir nahmen uns also die Zeit, in Ruhe zu frühstücken und unsere Netflix-Serie vom Vorabend weiterzuschauen, während ich mit kreisenden Bewegungen auf dem *Pezziball* saß. Ich war immer noch ziemlich entspannt.

Als wir mit zunehmend intensiveren und schneller aufeinander folgenden Wehen gegen Nachmittag im Kreißsaal ankamen, war dieser noch nicht frei. Ich ging also zunächst in einen normalen Untersuchungsraum, legte mich auf die Liege und spürte plötzlich, wie etwas ploppte und sich ein warmer Wasserschwall über die Liege und über die Hebamme ergoss, die daraufhin mit einem „Ups!" ihre Hand zurückzog, mit der sie mich gerade abgetastet hatte. Meine Fruchtblase war geplatzt – etwas Seltsameres hatte ich noch nie gespürt! Die Wehen wurden direkt noch eine Spur intensiver, aber trotzdem wurden Niklas, ich und das Baby, das es nun doch etwas eiliger hatte, in diesem Zustand noch quer durchs Krankenhaus geschickt, um uns offiziell anzumelden. Es war fast unerträglich. Ich watschelte, mein Gesicht in Niklas' Hemd gedrückt, um niemanden sehen zu müssen, durch die Gänge. Ständig mussten wir anhalten, damit ich meine Wehen verarbeiten konnte. Um die Formulare ausfüllen zu können, platzierte Niklas mich auf einem Stuhl im Wartebereich und verschwand in einer Glaskabine. Da saß ich nun und fühlte mich wie eine schwitzende, unten auslaufende, stöhnende Seekuh und wünschte mir einmal mehr einen Tarnumhang, unter dem ich mich verstecken konnte.

Als wir dann irgendwie und irgendwann endlich in dem frei gewordenen Kreißsaal ankamen, hatte ich schnell meinen Rhythmus gefunden und war voll in meinem Film. Wie ich es im Geburtsvorbereitungskurs gelernt hatte, tönte ich bei jeder neuen Wehe lautstark das Alphabet durch und fühlte mich weiblicher und stärker als je zuvor. Was für irre Kräfte da am Werk waren! Ich war vollkommen bei mir, bis Niklas sich dachte, er könne sich kurz ein belegtes Brot aus der Cafeteria holen. Dass der noch ans Essen denken konnte …

Als ich kurz allein im Raum war – Niklas war am Buffet, der Arzt planmäßig noch lange nicht an der Reihe, die Hebamme und die Arzthelfer*innen bei einer fortgeschritteneren Geburt –, veränderte sich etwas. Die Wehen fühlten sich nun anders an. Ich dachte immer, Presswehen würden so heißen, weil man selbst presst, aber es fühlte sich eher so an, als würde mein Bauch rhythmisch von außen zusammengepresst werden. Das machte mir ziemliche Angst und ich suchte panisch nach dem Alarmknopf, der von der Decke hing, und drückte so lange, bis endlich die Tür aufgerissen wurde. Ab diesem Zeitpunkt ging alles gefühlt viel schneller und der Raum füllte sich mit immer mehr Menschen. Der Herzschlag des Babys wirkte gestresst, darum willigte ich ein, die Saugglocke zu Hilfe zu nehmen. Ich hörte eigentlich nur Satzfetzen: „… Vorgang beschleunigen … Baby schneller da … ansonsten Kaiserschnitt …" Meine Antwort auf all das war laut, gepresst und bestimmt: „BESCHLEUNIGEEEEEN!"

Ein paar Minuten später, in denen sowohl Niklas als auch ich erstaunt feststellen durften, dass ein brüllender Ochse gegen mich wie eine piepsende Maus klang, wurde mir mein kleines rosa Baby auf die Brust gelegt. Ich hatte es geschafft. Wir hatten es geschafft – alter Schwede, wir hatten ein Baby!

Es war ein wunderschöner Moment, zum ersten Mal diesem kleinen Menschen ins Gesicht zu schauen, der in den vergangenen Monaten in meinem Bauch herangewachsen war. Was für ein Abenteuer. Dies war wirklich die krasseste Erfahrung meines Lebens. Das Bündel in meinen Armen hatte ich aus *meinem* Körper gezaubert. Einen komplett neuen Menschen. Halb Niklas, halb ich. Eine unbändige Welle an Gefühlen stürzte über mich und ich weinte und zitterte ohne Kontrolle. Ich konnte nicht aufhören, diesen kleinen Menschen anzuschauen. Oh, wie sehr freute ich mich auf diese neue Welt, die wir gemeinsam entdecken würden.

Diese rosarote Wolke der Vorfreude auf alles Neue trug uns wenige Tage später in unser idyllisches Haus auf dem Land. Hier verbrachten wir die ersten Tage nur zu dritt, unsere engsten

Familienmitglieder hatten den kleinen Neuzugang bereits im Krankenhaus bestaunen dürfen.

Ich genoss die Familienzeit mit Niklas und unserem Sohn sehr und war so unglaublich stolz. Nur mein Körper war noch ziemlich lädiert. Ich hatte Schmerzen beim Gehen, das Sitzen fiel mir schwer und meine Blase hatte ich nicht wirklich unter Kontrolle. Der Rückbildungskurs würde das schon richten, dachte ich. Jedenfalls hatte ich momentan keine Zeit, mir über Beckenboden und Co. Gedanken zu machen.

Wochenbettkrise

Die ersten Wochen nach der Geburt waren wunderschön. Wir durften als kleine Familie die neue Glückseligkeit genießen, kuschelten viel, aßen Kuchen und empfingen Besuch. Das Stillen funktionierte, meine äußerlichen Wunden heilten und ich konnte endlich wieder Weizen und Zucker essen, womit ich nach all der Zeit der Entbehrung auch nicht geizte. Ich war in diesen Wochen dem Traum einer wunderschönen neuen Zeit verfallen, doch die Realität wartete sichtlich ungeduldig darauf, in unsere Idylle einzufallen.

Das Unternehmen stand kurz vor dem Aus. Einige massive Fehler aus der Vergangenheit waren ans Licht gekommen und nun passierte das, was sich schon so lange abgezeichnet hatte: Das wackelige Gerüst drohte unter all seiner Last zusammenzubrechen.

Komplett rausgerissen aus meiner Blase der Glückseligkeit funktionierte ich nur noch wie in Trance. Baby stillen, Baby schlafen legen, Krisenmeeting, Baby wickeln, Baby stillen, Baby

schlafen legen, Baby stillen, Baby beruhigen, noch eine weitere Bürgschaft unterschreiben. Von jetzt auf gleich war eine Bombe geplatzt und ich stand mit meinem unschuldigen Bündel mitten auf dem Schlachtfeld, unfähig, den Kampf aufzuhalten oder groß darin mitzuwirken. Ich wusste, dass mein Team mich nun brauchte. Dass auch die Angestellten genauso überfahren und hilflos sein mussten wie ich. Und trotzdem blieb ich in Schockstarre. Als würde nur noch der Überlebensinstinkt greifen, war alles, was ich tun konnte, für mein Baby zu sorgen und mich abzugrenzen. Wochenlang sprach ich mit niemandem aus dem Team, außer mit der fünfköpfigen Führungsrunde, die sich regelmäßig in unserem Haus – in meiner Babyblase – traf, um einen Schlachtplan auszutüfteln. Wir, na ja, eigentlich nur sie, suchten Hilfe bei einem externen Berater, was eine Entscheidung zur Folge hatte, die sich für mich nicht falscher hätte anfühlen können, die ich aber dennoch nicht verhindert habe. Stattdessen spielte ich kraftlos mit in dem Spiel, das schon so lange nicht mehr meins gewesen war – das ich längst verloren hatte. Innerhalb von zwei Tagen führten wir mit gefühlt einem Drittel des ganzen Teams Kündigungsgespräche. Vielleicht waren es auch weniger gewesen, ich hatte einfach keinerlei Durchblick. Das Vorgehen, das uns in dieser Situation von dem externen Berater empfohlen wurde, war unternehmerisch unvermeidbar, aber auf menschlicher Ebene eiskalt und passte so gar nicht zu unserer sonstigen Art, mit unseren Angestellten umzugehen. Menschen, die an unserer Seite teilweise seit Jahren kreativ gewerkelt und aufopfernd gearbeitet hatten, die mit Herzblut bei der Sache und – mittlerweile vielleicht sogar mehr als ich selbst – Teil des Unternehmens gewesen waren, wurden lieblos als Ballast abgeworfen, um das wackelige Gerüst zu entlasten. Und ich schaute weg, schämte mich, wollte mich vergraben und in meine heile

Babyblase flüchten, bis alles vorbei war. Bis mich niemand mehr vorwurfsvoll, enttäuscht und wütend anschauen konnte.

An meinem Geburtstag, der so behandelt wurde wie jeder andere Tag auch, weil es nichts zu feiern gab, ging ich zum ersten Mal seit meiner Mutterschutzzeit wieder ins Büro – ein Meeting mit dem gesamten Unternehmen stand auf dem Plan. Zu sehen, auf was für eine Zahl das Team geschrumpft war und mit welchem Misstrauen und mit welcher Enttäuschung die, die noch übrig geblieben waren, still beieinander saßen, traf mich tief ins Herz. Die Tragweite meiner Unfähigkeit, die Situation zumindest auf menschlicher Ebene zu begleiten und dadurch Trost zu spenden oder zumindest Empathie zu zeigen, wurde mir schlagartig bewusst.

Was habe ich bloß getan? Nichts habe ich getan.

Und nun stand ich hier vor diesem Schutthaufen, vor verletzten Gefühlen und zutiefst enttäuschten und verunsicherten Menschen. Um der ganzen Situation etwas mehr Dramatik zu verleihen und das alles für mich noch unerträglicher zu machen, schrie mein Baby unentwegt. Ich war so zerrissen. Wollte einerseits für mein Team da sein, mich entschuldigen, mich erklären, mit ihnen weinen. Aber da war mein Baby, das mich einforderte und es mir unmöglich machte, ihnen meine ganze Aufmerksamkeit zu schenken. Weinend und stillend saß ich stattdessen in einer abgelegenen Ecke des Büros. Mein Sohn, für den ich mir eine Umgebung voller Liebe und positiver Stimmung wünschte, wurde mitten in einen Scherbenhaufen geboren.

Die Wochen vergingen und nach dem großen Knall folgte im Unternehmen die große Stille, die fast noch unerträglicher war. Meine Mutter kam alle zwei Wochen zu uns und ermöglichte es mir, wenigstens für ein paar Stunden ins Büro zu fahren, um rauszukommen. Raus aus dem Zuhause, das meine Babyblase hätte sein sollen, in dem ich mich aber nur gefangen fühlte mit meinem Baby, das 24/7 meinen Körperkontakt einforderte. Mit meinem Baby, das weder Autofahren noch Kinderwagen oder Trage mochte, und mich somit komplett ans Haus fesselte. Das Haus inmitten von Feldern, wo ich mich hatte frei fühlen wollen.

Waren die Büroräumlichkeiten noch vor wenigen Monaten durchgehend von Gelächter und Gequassel erfüllt gewesen, spürte man nun deutlich das wahre Ausmaß der drastischen Maßnahmen, mit denen wir das Unternehmen retten wollten.

War es nun gerettet? Es war noch da, aber ich spürte seinen Herzschlag nicht mehr.

Niemand ging mehr fröhlich schwatzend auf dem Weg zur Kaffeemaschine durch die Gänge. Die Türen der Räume waren geschlossen, die Stimmung war angespannt. Augenkontakt wurde vermieden und jede Gesprächsbereitschaft durch aufgesetzte Kopfhörer erstickt.

Zäh vergingen die Monate, bis schließlich all jene gekündigt hatten, die den Zustand nicht mehr ertrugen und keine Zukunft mehr für sich in unserem Unternehmen sahen. Als wären das die Splitter gewesen, die am tiefsten saßen, wurde es danach langsam besser. Ganz langsam und ganz vorsichtig heilte die tiefe Wunde, die wir ins Unternehmen geschlagen hatten. Alle, die noch da waren, waren bereit für einen neuen gemeinsamen Weg.

Niklas und ich lernten in dieser Zeit, dass wir beide absolut nicht dafür geschaffen waren, operative Tätigkeiten als Geschäftsführung zu übernehmen, geschweige denn ein Team zu leiten. Ich war der kreative Kopf, er der Visionär – darin waren wir gut. In unserer Unwissenheit hatten wir zu viele Fehler gemacht und nun war es an der Zeit, unseren Stolz beiseitezuschieben und Verantwortung abzugeben. Hatten wir zuvor zusammen 100 Prozent an unserem Unternehmen gehalten, waren wir nun bereit, Anteile abzutreten und die Last der Verantwortung auf mehrere Schultern zu verteilen. Das waren keine unbekannten Schultern. Wir hatten zum Glück Menschen an unserer Seite, die wussten, worauf sie sich einließen, die mit uns bereits durch dick und dicker gegangen waren und ihre Loyalität und ihre Stärken oft genug unter Beweis gestellt hatten. So bildete sich ein Team aus fünf Gesellschaftern und Gesellschafterinnen, von denen drei ab sofort unsere operative Geschäftsführung übernahmen, während Niklas und ich uns auf die strategische Entwicklung beschränkten. Wir legten den unternehmerischen Fokus nun nicht mehr auf das Wachstum, sondern auf die Stabilität. Das waren wir allen Beteiligten schuldig, damit so etwas wie die große Kündigungswelle nicht noch einmal passierte. Jeder Schritt, der gemacht wurde, diente der Fehlerbehebung und der Wiedergutmachung. Es war eine wirklich dicke Suppe, die wir auslöffeln mussten, und gerade die Fehler, die uns in eine so hohe Verschuldung gebracht hatten, schmerzten sehr. In der Hoffnung, irgendwie die Liebe wieder zurück ins Unternehmen zu bringen, die ganz zu Anfang bei jedem Produkt und jedem Shooting zu spüren gewesen war, benannten wir die Unternehmensgruppe um. Aus der *100TAUSENDLUX GmbH*, welche als Agentur begonnen hatte und dann – genauso wie *Lichtpoesie* – auf der Strecke geblieben war, um die Marken mit voller Aufmerksamkeit auszubauen, wurde die *Heinen Lovebrands GmbH*. Die Muttergesellschaft der Kreativmarken *Odernichtoderdoch* und *JO & JUDY* – und von allem, was uns in Zukunft wieder möglich sein würde. Alles wurde bereinigt, beleuchtet, aufgebaut, geplant. Jeder Cent wurde umgedreht, der Gürtel eng geschnallt. Während andere *Instagram*-Marken große Events feierten, gab es auf unserem Sommerfest ein selbst mitgebrachtes Salatbuffet und Grillwürstchen. Es war einiges passiert, seit wir für Feste ein komplettes Schiff auf dem

Dortmund-Ems-Kanal gemietet oder die ganze Schlittschuh-bahn gebucht hatten, aber nun hatten wir wenigstens unsere Authentizität zurückgewonnen. Keine unüberlegten Ausgaben mehr, keine Projekte, bei denen wir uns nicht zu 100 Prozent sicher waren, dass das Geld gut investiert war. Es gab Hoffnung und die zeigte sich auf ebendieser Feier in Form von Grillgut und Bierbank-Sitzkreis in unserem Garten.

Nicht nur im Team war ein vorsichtiges Aufatmen zu spüren, auch wir Gesellschafter*innen trauten uns wieder vorauszu-planen, ohne ausschließlich auf Vergangenes zurückzublicken. Als wir am Ende des Jahres zu fünft beisammensaßen und den Plan für 2020 besprachen, der ein besseres Jahr versprach, ver-kündeten Niklas und ich unseren ganz persönlichen Jahresaus-blick: Baby Nummer zwei war auf dem Weg.

Die Schwangerschaft war tatsächlich viel schneller eingetreten als geplant. Wir hatten uns auf eine ähnliche Wartezeit wie beim ersten Kind eingestellt und wurden bereits beim ersten Versuch mit einem positiven Testergebnis überrascht. Dennoch fühlte es sich nicht zu früh an, denn in unserer neuen Konstellation fühl-ten wir uns gut gestärkt und bereit für diese neue Herausforde-rung, die ein zweites Kind mit einem so kleinen Abstand zum ersten bedeuten würde. Immerhin waren wir raus aus dem Tief, das neue Jahr konnte für uns alle nur besser werden.

Die zweite Schwangerschaft traf mich jedoch mit der schnell einsetzenden und starken Übelkeit unerwartet hart und ich war jeden Tag froh, durch das Au-pair-Mädchen, das seit einigen Monaten bei uns arbeitete und lebte, ein wenig Unterstützung mit meinem Eineinhalbjährigen zu haben, der mich nach wie vor sehr forderte. Mir war durchgehend übel und ich fühlte mich hundeelend. Ich war nicht nur müde, mein Akku hatte gefühlt immer nur zehn Prozent, egal, wie lange ich ihn auflud.

Jede Treppe, jedes Aufstehen, jedes Wickeln bedeutete für mich einen unendlichen Kraftakt. In meiner ersten Schwangerschaft hatte ich mich schon nicht besonders wohl mit diesen ganzen körperlichen Veränderungen und Wehwehchen gefühlt, doch noch nie zuvor hatte ich mich in meinem eigenen Körper *so* fremd gefühlt.

2020.

Als sich Ende Januar die Übelkeit langsam legte, verbrachten wir mit meiner Schwester und ihrem Freund einen Kurzurlaub in einem Ferienpark. Ich genoss es sehr, mal rauszukommen, denn mittlerweile hatte unser Sohn ein Alter erreicht, in dem wir immer mehr mit ihm machen konnten. Autofahren ging plötzlich, ohne dass er sich vor lauter Geschrei komplett über den Rücksitz erbrach, und auch im Buggy ließ er sich mittlerweile entspannt herumfahren, als wäre es nie ein Problem gewesen. Da ich abgestillt hatte, konnte nun auch Niklas das Zubettbringen übernehmen und die Nächte wurden für mich endlich wieder erholsamer. Trotz meiner Beschwerden in der Schwangerschaft ging es allgemein betrachtet eindeutig bergauf! Ich erlaubte mir, mich wahnsinnig auf das neue Jahr zu freuen, das sich nicht nur privat vielversprechend gestaltete, sondern auch beruflich die Chance eines gefühlten Neuanfangs mit sich brachte.

Und weil wir schon ziemlich lange in der Eule gesessen hatten – unserer Teppichboden-Bürofläche über dem Lager –, war es mal wieder Zeit für einen Umzug. Endlich hatten wir Räumlichkeiten gefunden, die den Anforderungen sämtlicher Abteilungen entsprachen. In den bisherigen, von Leuchtstoffröhren erhellten, Räumen mit „Stromberg"-Charakter war es uns mit dem steigenden Anspruch an unsere Fotos für Shop, Social-Media-Kanäle und Marketingkampagnen unmöglich geworden, den Look und vor allem die Menge an Content umzusetzen, die wir uns für die Marken wünschten. Durch einen glücklichen Zufall waren wir nun stolze Mietende einer Bürofläche mit industriellem Charme und Blick auf das Hafenbecken von Münster.

Ein echter, teils selbst gemachter Traum von Immobilie. Wir durften ein paar Dinge beim Ausbau mitentscheiden, und das wenige Geld, das zur Verfügung stand, investierten wir hauptsächlich in eine große Gemeinschaftsküche und einen weiß lackierten Boden, der die Grundlage für den Look unserer zukünftigen Fotostrecken bilden sollte. Wir hatten ja noch einige Möbel aus unseren bisherigen Büros und wenn das Jahr nach Plan laufen würde, könnten wir uns Stück für Stück neue finanzielle Ausgaben erlauben, um uns weiter einzurichten. Bis dahin brachten wir mit günstigen Mitteln ganz viel Liebe in den Hafen – wie unser neues Büro nun logischerweise hieß. Voller Motivation strichen wir Wände, dekorierten mit Pflanzen und Bilderrahmen, die wir teilweise von zu Hause mitbrachten, und arbeiteten fleißig daran, es uns trotz fehlenden Budgets so gemütlich wie möglich zu machen – so, wie wir es immer gemacht hatten. So, wie wir es zu Beginn gemacht hatten.

Plötzlich war wieder so viel Schwung in allem, dass ich ganz hibbelig wurde und Neues erleben wollte. Anfang Februar besuchte ich deshalb mit einigen Kolleginnen das Musical „Tanz der Vampire" und fühlte mich seit langer Zeit mal wieder richtig frei, glücklich und unabhängig. Wir schwärmten im Büro noch Tage später gemeinsam von diesem schönen Abend und schmiedeten Pläne für das nächste Musical auf unserer Liste. Ich hängte mir einen großen Wandkalender in die Küche und nahm mir vor, bis zur Geburt jeden Monat eine Aktivität zu planen, die mich richtig glücklich machen würde.

Es war doch alles zu schön, um wahr zu sein.

Schon wenige Tage später war das Wort „Corona", das man vor Wochen vielleicht mal hier und da aufgeschnappt, aber nicht ernst genommen hatte, ein großes Thema im Hafen und in unser aller Leben. Große Lieferungen hingen auf einmal Pandemiebedingt irgendwo fest. Zeitpunkt der Lieferung: ungewiss. Ganze Kollektionen, mit deren Umsatz wir die erste Jahreshälfte finanzieren wollten, standen auf einmal auf der Kippe.

SO. EINE. SCHEISSE.

Das Jahr hatte so fantastisch begonnen, alles war bis auf den letzten Cent durchgeplant und wir waren doch endlich mal wieder optimistisch gewesen! Wir hatten so hart daran gearbeitet, Monat für Monat unseren Schuldenberg abzubezahlen, und nun sollte die nächste Katastrophe anrollen? Ich kam mir vor wie in einem schlechten Film und hoffte, dass sich dieses blöde Corona-Thema so schnell verzog, wie es gekommen war.

Bald hingen neben unseren liebevoll ausgewählten Postern bereits die ersten Aushänge zur Hygienebelehrung. Beim Händewaschen bitte einmal „Happy Birthday" singen, Finger aus dem Gesicht und bitte nur in die Armbeuge husten – oder doch am besten nur zu Hause. Wir waren verunsichert. Jedes Niesen erzeugte eine Schockstarre, die nur mit einem „Äääh, ich habe eine Allergie!" wieder aufgehoben werden konnte. Als es dann hieß: „Homeoffice für alle auf unbestimmte Zeit", fing das große Packen an, dabei waren wir doch gerade erst angekommen. Das Gewusel im Büro wirkte in keinster Weise panisch, eher so, als würden wir unsere Koffer für den Urlaub packen.

„Und, wo richtest du dich zu Hause so ein? Esszimmer? Oh, schön! Ja, ich glaube ich räume tatsächlich mal meinen Schminktisch frei, der steht eh nur ungenutzt in der Ecke. Meinst du, ich brauche einen Drucker? Ich habe gar keinen."

Es fühlte sich alles unwirklich an. Die Regeln klangen plötzlich so ernst, dabei kannte niemand von uns jemanden, der sich tatsächlich mit Corona infiziert hatte. Es schien so weit weg, so unnötig überzogen.

Das Büro, das wir eben noch mit Leben und Liebe gefüllt hatten, war auf einmal komplett leer.

Da unser Au-pair-Mädchen aufgrund der ungewissen Weltlage und der sich zuspitzenden Situation an den Flughäfen lieber vorzeitig nach Hause fliegen wollte, wurde die untere Etage unseres Hauses frei. „Ihr könnt ja während des Lockdowns bei uns einziehen", meinte ich mehr im Scherz zu Alina, die sich ansonsten mit ihrem Freund Jonas das Homeoffice im Dachgeschoss ohne Ausweichzimmer, Balkon oder Garten hätte teilen müssen. Zu meiner Überraschung (Spontanentscheidungen gehen komplett gegen die Natur meiner perfekt organisierten und vorausschauend denkenden Schwester) antwortete sie: „Warum eigentlich nicht?" und zog mit ihrem Freund noch am selben Abend bei uns ein. Wir hatten sowieso schon immer ein enges Verhältnis und der letzte gemeinsame Urlaub war erst wenige Wochen her, also malten wir uns diese Wohnsituation als eine lustige gemeinsame Zeit aus. Mehr als zwei bis drei Wochen würden es ja bestimmt nicht werden, dachten wir.

Die Tage vergingen und wir wurden zu einem eingespielten Team. Wir Mädels arbeiteten am Esstisch, die Jungs hatten sich je einen Raum gesucht, in dem sie ihre Telefonate – und neuerdings auch Videocalls – abhielten. Mit der Betreuung des kleinen

Wirbelwinds wechselten wir uns ab. Ich übernahm die Vormittagsschicht, Niklas brachte ihn zum Schlafen, Alina übernahm nach dem Mittagsschlaf und Jonas war für das Entertainment zuständig, während Niklas für uns Abendessen zauberte. Wenn es um die Essensbeschaffung ging, wurde es dann auf einmal ernst. Wir mussten raus in diese scheinbar so gefährliche Welt. Im Nachhinein mögen wir alle darüber schmunzeln, aber zu diesem Zeitpunkt war Corona etwas, das wir alle noch nicht einschätzen konnten. Wir schrieben lange Listen mit Lebensmitteln und Hygieneartikeln, die wir dringend brauchten, und die zwei mutigen Ausgesandten machten sich mit unseren handgenähten Masken sowie Handschuhen auf den Weg in den örtlichen Supermarkt, als wären sie bereit für eine Zombie-Apokalypse. Wobei die schlimmste Sorge neben der potenziellen Ansteckungsgefahr eigentlich der Lagerbestand von Klopapier war.

Die Wochen verstrichen, ohne dass ein Ende des Lockdowns in Sicht war, und wir machten weiter und weiter und weiter, immer nach dem gleichen Schema. Die Tage wurden wärmer und mein Bauch dicker. Die Zeit hätte wirklich eine der schönsten Erfahrungen meines Lebens sein können, wäre da nicht die Tatsache gewesen, dass es mir mit jedem Schwangerschaftstag schlechter ging – ach ja, Corona dürfte auch verschwinden und bitte all unsere unternehmerischen Träume aus seinen Klauen befreien. Ich war so tief in einer Negativspirale gefangen, dass ich mich selbst nicht mehr erkannte, und das machte mir am meisten Angst. Ich fühlte mich furchtbar, weil ich mich nicht auf das Baby freuen konnte. Weil ich wieder mal alles an meiner Schwangerschaft hasste. Weil während des Lockdowns gefühlt alle zu ihrem neuen Ich fanden, Dankbarkeitstagebücher schrieben, neue Hobbys für sich entdeckten, Sport trieben oder einfach die ruhigen Abende vor dem Fernseher mit einem Glas Wein genossen. Ich wollte all das so gern und konnte nichts davon machen. Ich hatte keine Minute Zeit für ein neues Hobby, keine Energie für Sport und Alkohol war für mich sowieso tabu. Die Existenzangst, die schon lange mein ständiger Begleiter gewesen war, wurde nun auch noch von der Zukunftsangst begleitet.

In was für eine Welt wird mein Baby geboren? Und was ist, wenn ich mich noch während der Schwangerschaft mit Corona anstecke?

Alles in meinem Kopf war wieder mal schwarz und ich hatte erneut sämtliche Freude am Leben verloren. Das Loch, in das ich fiel, war dieses Mal tiefer als je zuvor, doch ich erlaubte mir nicht mehr, mich in ihm zu verlieren. Ich trug nun die Verantwortung für mehr als meine Person. Ich war Mama, bald sogar zweifache Mama. In meiner Verzweiflung suchte ich mir zum ersten Mal seit meiner ADHS-Therapie, die ich aufgrund meiner ersten Schwangerschaft pausiert hatte, mit letzter Kraft eine Therapeutin. Eine Stunde lang saß ich mit ihr in einem Raum und wollte am liebsten schreien, weil sie nicht im Geringsten erkannte, wie schlecht es mir ging. Das würde nicht funktionieren. Mein Rettungsversuch war somit gescheitert.

Als Alina und Jonas einen Monat vor der Geburt eine größere Wohnung fanden und sich unsere WG somit auflöste, fühlte ich mich trotz Kind und Ehemann einsamer als je zuvor. Zwei Personen weniger, die mich von meinen Gedanken ablenken konnten.

Ich hasste mich dafür, dass ich mich nicht auf das Baby freuen konnte. Ich freute mich lediglich auf das Ende der Schwangerschaft. Darauf, endlich wieder meinen Körper für mich zu haben und damit ein Stückchen Freiheit zurückzuerlangen.

Als elf Tage vor dem errechneten Termin mitten in der Nacht die Wehen losgingen, konnte ich kaum aufhören, zu weinen. Ich war so erleichtert. Dieses Kind erlöste mich mehr als eine Woche vor dem Termin von dieser schrecklichen Schwangerschaft. Dieser Gedanke machte mein Herz, das sich vor jeglichem Gefühl für dieses neue Lebewesen in mir verschlossen hatte, auf einmal ein Stückchen wärmer.

Ich hatte während der Schwangerschaft zwar keine Energie für neue Hobbys gehabt, aber da diese Geburt besser ablaufen sollte als die erste, hatte ich meine letzten Kraftreserven zumindest in die Geburtsvorbereitung gesteckt. Ich hatte mich mit HypnoBirthing beschäftigt – und das Veratmen der Wehen funktionierte mit dieser Methode überraschend gut. Anders als bei der ersten Geburt tönte ich nicht lautstark das Alphabet, sondern war komplett bei mir und konzentrierte mich auf das, was mein Körper mir mitteilte.

Schon früh am Morgen schickten wir die „Es geht los"-Nachricht an den engsten Familienkreis. Eine Stunde später war unsere WG wieder vollständig, sodass Alina und Jonas bei dem Zweijährigen bleiben konnten, während Niklas und ich ins Krankenhaus fuhren. Dort angekommen, schickte man mich sofort in den Kreißsaal und Niklas ging allein zur Anmeldung – das lief doch schon mal sehr viel besser! Die diensthabende Hebamme war mir sofort sympathisch und ich war mir sicher: Heute ist der Tag, an dem alles wieder gut wird. Allen Umständen zum Trotz.

Dieser Gedanke gab mir so viel Kraft und Motivation, dass ich es kaum erwarten konnte, endlich unseren zweiten Jungen auf die Welt zu bringen. Meinen Traum einer Wassergeburt, der beim letzten Mal aufgrund der abfallenden Herztöne des Babys nicht durchgezogen werden konnte, wollte ich diesmal unbedingt verwirklichen. Als sich die Wehen nach einigen Stunden wieder zu Presswehen entwickelten – dieses Mal war ich darauf vorbereitet – veränderte ich meine Position in der Wanne, ging auf die Knie und lehnte mich auf dem Beckenrand vornüber. Dieses Mal würde ich es mir nicht nehmen lassen, mein Kind allein auf die Welt zu bringen. Niemand würde auf meinen Bauch drücken oder mit der Saugglocke nachhelfen. Niklas durfte aber schon im Raum sein. Dieses Mal war er auch schlau genug, sich Snacks einzupacken, um das große Finale nicht wieder um Haaresbreite zu verpassen. Mit einer wahnsinnigen Entschlossenheit presste ich bei den letzten Wehen mit und konnte mein Baby schließlich selbst aus dem Wasser heben und an meine Brust drücken. Was für ein Gefühl. Ich hatte es geschafft. Genau so, wie ich es mir vorgestellt hatte. Es war vorbei – die Schwangerschaft war vorbei!

Das Gefühl der Erleichterung war so wahnsinnig intensiv und stark. Nun konnte ich anfangen, wieder ich selbst zu sein – für mich, für Niklas, für meinen kleinen großen Sohn. Für das Baby, für das ich nun all die Gefühle empfinden konnte, die so lange von all der Frustration überschattet waren. Er war zart und hatte einen dunklen Haarschopf, was ihn von Anfang an von seinem Bruder unterschied, der nicht nur mehr Startgewicht mitgebracht hatte, sondern auch noch einige Stunden nach der Geburt einen von der Saugglocke gruselig verformten Schädel aufgewiesen hatte. Nun war da dieser zweite Junge, der so anders aussah. Und ich war ihm so dankbar, dass er seinen ganz eigenen Kopf hatte und früher zu uns wollte.

Das zweite Kind zu bekommen, ist etwas ganz Besonderes. Alles läuft irgendwie routinierter ab, immerhin hat man alles schon einmal erlebt – und trotzdem ist jede Geburt und jedes Baby anders. Man versucht das, was man bei Baby Nummer eins gelernt hat, auch auf Baby Nummer zwei anzuwenden und schaut dann, was passiert. Funktioniert's? Super! Funktioniert's nicht? Oha, … und nun?

Irgendwie ist das zweite Kind außerdem wie eine neue Chance, um die Dinge mit der gesammelten Erfahrung anders zu machen. Hatte ich beim ersten Baby noch wahnsinnige Angst vor einer Saugverwirrung und lehnte deshalb Schnuller vehement ab, als wären sie der Teufel höchstpersönlich, lautete mein Motto nun: Ich steck ihm das Ding in den Mund, sobald er den Kopf unten rausstreckt!

Im Gegensatz zur ersten Geburt fühlte ich mich dieses Mal selbst wie neugeboren. Ich konnte aufstehen und laufen, hatte keine Schmerzen und fühlte mich trotz der anstrengenden letzten Stunden fit und energiegeladen. Die Antriebslosigkeit und die Schwere, die mich durch die ganze Schwangerschaft begleitet hatten, waren wie weggeblasen. Doch da war noch etwas. Neben dem Glück, endlich eine Geburt erlebt zu haben, wie ich sie mir erträumt hatte. Da war plötzlich dieses große „Was wäre, wenn …?"-Gefühl. Hätte ich mich bei der ersten Geburt für den Kaiserschnitt oder gegen die Saugglocke entscheiden sollen? Wäre es mir dann körperlich besser ergangen und mein Beckenboden hätte nicht diesen immensen Schaden genommen, sodass ich noch Monate nach der Geburt mit Inkontinenz zu kämpfen hatte? Ich konnte es nicht mehr ändern und nahm mir vor, meinem Körper, der von nun an nur noch mir allein gehören sollte, in den nächsten Monaten Liebe und Fürsorge zu schenken, um ihn wieder stark zu machen.

Stolz und glücklich kehrten wir einen Tag früher als geplant aus dem Krankenhaus zurück. Zwei ganze Tage hatten wir als Eltern ganz allein den Babyduft genießen dürfen, aber die Sehnsucht danach, endlich vollständig zu sein und wieder unser nun so groß erscheinendes Kleinkind in die Arme zu schließen, war groß. Die Corona-Maßnahme, keinen Besuch auf der Wochenbettstation empfangen zu dürfen, fand ich gar nicht so schlecht, denn es brachte eine wunderbare Ruhe in die sonst so stark frequentierte Abteilung.

Die ersten Wochen mit unserem Neugeborenen vergingen schnell. Wenn ich Zeit mit dem Kleinen alleine verbringen konnte, versuchte ich, jede Minute aufzusaugen und zu genießen. Erst rückblickend wurde mir wirklich bewusst, was für einen hohen Preis wir gezahlt hatten, um unser Unternehmen am Laufen zu halten. Wir hatten mit unserem Privatleben dafür gezahlt. *Waren wir zu weit gegangen? Hätten wir irgendwann lieber ein Ende mit Schrecken als einen Schrecken ohne Ende bevorzugen sollen?*

Noch heute fühle ich eine schmerzhafte Trauer, wenn ich daran denke, dass mir 2018 die Zeit des ersten Wochenbettes auf eine so harte Art und Weise genommen wurde.

Das zweite Wochenbett war zwar nicht von weniger Katastrophen umlagert – Stichwort Corona und die daraus resultierenden neuen „Herausforderungen", mit denen das Unternehmen zu kämpfen hatte – aber ich ging nun sehr viel besser mit ihnen um. Dies war ein beruflicher Zustand, der schon so alltäglich für mich geworden war, dass ich die Existenzängste gar nicht mehr wirklich wahrnahm. Ich war abgestumpft und müde von all den Problemen und einfach dankbar dafür, die Last auf mehrere Schultern verteilt zu haben. Krisenmeetings fanden mittlerweile ohne mich statt. Ich erhielt im Nachhinein lediglich die Zusammenfassungen der neuesten Katastrophen. Gab es mal gute Neuigkeiten, konnte ich mich schon gar nicht mehr freuen, da war höchstens ein Gefühl der Erleichterung, dass statt des Absturzes wieder ein Schritt nach vorne oder zumindest ausweichend zur Seite geschafft war – Abgestumpftheit geht leider in beide Richtungen.

Der Große hatte mittlerweile im Nachbardorf einen Platz bei einer Tagesmutter bekommen, zu der wir ihn täglich fuhren und nach vier Stunden wieder abholten. Zwar waren vier Stunden nicht viel, aber dies war für mich das einzige Zeitfenster des Tages, in dem ich mich meinen E-Mails und meinem *Instagram*-Account widmen konnte – wenn der Kleine mitspielte. Innerhalb der letzten Jahre war das Social-Media-Business immer krasser geworden. Vor ein paar Jahren hatte ich die Plattform noch als reinen Zeitvertreib und eine Art öffentliches Fototagebuch gesehen, nun war sie für unsere Familie zur Existenzgrundlage geworden. „Ich bin nicht auf Kooperationen angewiesen, darum nehme ich kaum etwas an", hatte ich vor Jahren einmal öffentlich gesagt. Und das stimmte damals auch. Aber diese Aussage stammte gefühlt aus einem anderen Leben. Nun war das Spiel ernst geworden und ich befand mich plötzlich in einer Welt, in der vorgestellte Staubsauger und Müslibowls dafür sorgten, dass wir das Unternehmen finanziell unterstützen und damit auch den einen oder anderen Arbeitsplatz sichern konnten. Niklas und ich hielten weiterhin an unserem Traum vom Familienunternehmen fest. Wir glaubten an unsere Marken und unser Team, also steckten wir wirklich alles in unser gemeinsames Lebenswerk. Neben den Bürgschaften fingen wir an, im Bekanntenkreis hohe Geldsummen einzusammeln, um sie dem Unternehmen als Darlehen zur Verfügung zu stellen. Unsere Optionen waren nun wirklich ausgeschöpft. Die Alternative wäre gewesen, alles aufzugeben und hinzuschmeißen. Undenkbar. Neben all dem, was in den Jahren in das Unternehmen geflossen war – Geld, Liebe und unsere Werte –, gab es da auch noch die Menschen, die uns wichtig waren. Menschen, die ihr Commitment gegeben hatten, uns erneut durch harte Zeiten zu begleiten, und die wir auf keinen Fall im Stich lassen wollten. So benebelt meine Sicht auf das Ganze auch war, so unerschütterlich war auch mein Glaube an ein gutes Ende, der mich jeden Tag wieder aus dem Bett steigen ließ. Weitermachen. Alles wird irgendwann gut werden.

Einen Schritt zurück

Als Niklas und ich eines Abends erschöpft auf dem Sofa lagen und jeder für sich still in sein Handy starrte, sprach ich etwas aus. Der Gedanke verließ meinen Mund, bevor er mir überhaupt klar war: „Niklas, ich möchte hier weg. Ich möchte zurück in die Stadt." Mein Mann reagierte, als hätte ich ihm gerade gesagt, dass ich heute Abend Nudeln kochen würde, und meinte fast beiläufig: „Gute Idee. Ich schau mal, was es so gibt." Wenige Minuten später dann: „Ach, krass. Guck mal, was frei ist! Da sind wir doch früher immer vorbeigelaufen und haben uns gefragt, wer da wohnt. Erinnerst du dich? Ich schreibe die mal an."

Was passiert hier gerade?

Noch in derselben Woche fuhren wir mit beiden Kindern in die Stadt. Diesen Weg legten wir nun seit über drei Jahren mehrmals pro Woche zurück – zwei Autobahnen, eine Umgehungsstraße und Stadtverkehr, ein richtiger Akt.

Nun stand ich mit meinem Baby auf dem Arm vor dem großen Fenster mit Blick auf große grüne Bäume – mitten in der Stadt. Wir waren natürlich nicht die einzigen Interessenten und hatten noch nicht einmal alles gesehen, aber ich wusste: Das ist es. Hier werden wir wohnen und neu anfangen.

Dann ging alles ganz schnell. Die Zusage kam telefonisch, der Einzugstermin war in Kürze: Am 5. Dezember 2020 – nicht nur mitten im Lockdown, sondern auch in meiner arbeitsintensivsten Zeit auf *Instagram*, denn von Oktober bis Dezember ist Werbe-Hauptsaison. Trotz des Stresses, den ein Umzug zusätzlich zu Kleinkind, Baby, Unternehmen und *Instagram*-Hauptsaison mit sich brachte, war ich so energiegeladen wie seit Jahren nicht mehr. Ich hatte ein Projekt und ein Ziel vor Augen, dafür lohnte sich all die Mühe. Jede Minute Babyschlaf nutzte ich, um zu packen, E-Mails zu beantworten, Kooperationen umzusetzen, auszusortieren, Kram zu verkaufen und zu organisieren. Ich war in einem absoluten Glücksrausch und dank der Unterstützung unserer Eltern, die nach all der Zeit der Isolation wieder regelmäßig zu Besuch kamen, um uns die Kinder abzunehmen, kamen wir auch gut voran. Es war auf jeden Fall sportlich, sich von einem Haus mit drei Etagen, Dachboden, Carport und großem Grundstück auf eine Vierzimmerwohnung mit zwei Etagen zu verkleinern. Mit einem lachenden und einem weinenden Auge verkaufte ich sogar zwei große Kartons voller pastellfarbener Kleider, die ich noch aus meiner Anfangszeit behalten hatte, an meine Followerinnen. Den Gedanken, dass die Sachen in meiner Community blieben, finde ich bis heute sehr schön.

So idyllisch das Haus inmitten der Felder auch gewesen war: Ich fühlte keinen Abschiedsschmerz. Es war ein Traum, der dann doch nicht passte, und manchmal ist es besser, sich das einzugestehen, als sich jahrelang vorzuwerfen: „Aber das war doch immer das, was ich wollte!"

Wir hatten am Umzugstag wirklich tolle Unterstützung und ich bin immer wieder erstaunt darüber, in welcher Geschwindigkeit ein professionelles Umzugsunternehmen ein komplettes Haus ausräumen kann. Meine Mutter war für die Kids da und die Freundin meines Bruders half mir noch spontan, die Küchenschränke in der neuen Wohnung auszuwischen und einzuräumen. Mein Papa durfte sich über eine drei Meter lange PAX-Schrankwand zum Selbstaufbau freuen. Selbst der Nikolaus fand in dieser Nacht schon unser neues Zuhause, sodass der Große sich am Morgen über einen gefüllten Stiefel freuen konnte.

Was für ein schöner Start in unser neues altes Stadtleben in dem Viertel, in dem Niklas und ich gemeinsam begonnen hatten.

Weg vom Land ...

... zurück in die Stadt.

Dieses Viertel war unser Viertel. Hier war unsere Beziehung entstanden, hier war *Lichtpoesie* entstanden, hier war unsere Agentur entstanden und hier waren unsere Marken entstanden. Hier
würden wir nun als Familie neu anfangen.

2021 begann, wie 2020 geendet hatte: im Lockdown. Da Niklas
neben seiner Position im Unternehmen mittlerweile auch selbstständig arbeitete und intensive Projekte betreute, war ich den
ganzen Tag allein für die Kinderbetreuung zuständig. Durch die
hohen Corona-Zahlen und den Umzug war die bisherige Tagesmutter für den Großen keine Option mehr und so ergab ich mich
meinem Schicksal und war erst mal hauptsächlich Hausfrau und
Mama. Hatten wir bisher die Care- und Erwerbsarbeit immer ge-
recht aufgeteilt, so waren wir mit dem Umzug ins vergangene
Jahrhundert katapultiert worden – ich fühlte mich hintergangen
und war frustriert, weil ich so wenig Einfluss auf diese Entwicklung hatte. Niklas' Projekte und Calls waren nicht so flexibel wie
meine Kooperationen, also zog ich einfach den Kürzeren. Nach
all den Jahren der Existenzangst und der Frustration über die immer neuen schlechten beruflichen Nachrichten, brachte die Tatsache, dass ich meine Karriere nun hintanstellen musste, das Fass
zum Überlaufen. Bei aller Liebe zu meinen Kindern fehlte mir
neben der Möglichkeit, meiner Arbeit angemessen nachzugehen,
ein persönlicher Rückzugsort und Zeit für mich ganz allein. Zum
Durchatmen und Krafttanken. Es gab keinen Tag, an dem ich
nicht vor Überforderung und Erschöpfung weinte. Ich war psychisch mal wieder an einem Tiefpunkt angekommen. Dieser
fühlte sich irgendwie unüberwindbar an und ich wusste nicht
mehr, wie es weitergehen sollte. Gerne hätte ich mich an eine*n
Therapeut*in gewendet, doch nach der letzten Erfahrung hatte
ich Angst, erneut nicht verstanden zu werden, und wollte mir

diese Frustration ersparen. Meine körperliche Verfassung – insbesondere mein Beckenboden, der durch die erste Geburt und die zeitnah darauf folgende zweite Schwangerschaft sehr geschwächt war – beeinflusste meinen Alltag und setzte der Gesamtsituation noch das Krönchen auf. Alles in mir schrie nach Freiheit und nach Weglaufen, doch mein Körper konnte nicht mal vier Meter Laufschritt durchhalten, ohne dass meine Blase schlappmachte. Joggen oder Tanzen war undenkbar, sodass mir jegliche Möglichkeit fehlte, mich körperlich auszulasten oder abzureagieren. Das Hamsterrad startete jeden Tag von Neuem: Mein ganzer Tag richtete sich nach den ziemlich unterschiedlichen und niemals pausierenden Bedürfnissen eines Kleinkinds und eines Babys. Erst spätabends nach Niklas' erledigten Calls hatte ich die Möglichkeit, meine wichtigsten beruflichen Dinge abzuarbeiten, die zwar flexibel waren, aber sich nicht von selbst lösten. Danach fiel ich ausgebrannt ins Bett, versorgte mehrmals in der Nacht das Baby mit neuer Milch und startete morgens wieder von vorne.

Zu all den Aufgaben, die mich gleichzeitig unter- und überforderten, kam noch die Dauerschleife in meinem Kopf hinzu: *Wann bin ich denn mal dran? Wieso muss ich das jetzt machen? Warum lasse ich mir das gefallen? Ist das hier das, wofür ich vor Jahren Nachtschichten geschoben habe? Hätte ich nicht viel früher sehen müssen, dass das alles zu groß wird? Wie lange soll das noch so gehen? Bin ich die Mutter, die ich sein will? Wie viel spüren meine Kinder von meiner Überforderung und wird das ihrem Urvertrauen schaden? Will ich überhaupt noch Unternehmerin sein, wenn auf eine Krise nur die nächste folgt? Ist das normal? Bin ich für das Unternehmen überhaupt noch wichtig oder habe ich mich durch die zwei Kinder vollends entfremdet? Sollte ich nicht dankbarer sein für das, was ich habe? Wieso kann ich denn nicht einfach dankbar sein? Wieso bin ich denn nicht glücklicher bei all dem, was ich habe?*

Mein *Instagram*-Account, der lange Zeit mein Online-Tagebuch gewesen war, war der Ort, an dem ich zumindest ein kleines bisschen Trost fand. Ich versuchte, das letzte bisschen Fassade aufrechtzuerhalten, indem ich meinen Alltag so humorvoll wie möglich darstellte – aber das Feedback war nicht selten humorlos hart. Als an einem besonders dunklen Tag eine Nachricht eintrudelte, die mich unerwartet tief traf, brach ich vollends zusammen.

„Ich mochte deinen Account echt gern. Aber mittlerweile ist er mir echt zu negativ und zu anstrengend. Das Schönste sind noch die Produktempfehlungen. Aber sonst bist du täglich nur am Nörgeln, wie schlecht es dir geht und wie überfordert du offensichtlich mit zwei Kindern bist. Jeder ist anders gestrickt und Kinder sind unterschiedlich. Aber offensichtlich läuft bei euch irgendwie etwas schief, denn so extrem kann es nicht sein. Mein Kind ist auch nicht einfach, nichts gegen Real Life auf Insta, aber bei deinen Storys fehlen mir langsam die Worte. Vielleicht solltest du was ändern. Ich verabschiede mich an dieser Stelle."

Diese Nachricht, von einer Mutter wahrscheinlich mal eben genervt beim Kaffee getippt, war das Schlimmste, was ich in all meinen Jahren auf Social Media lesen musste. Weil es mir bewusst machte, dass selbst der Bruchteil meiner Wahrheit, die ich öffentlich zeigte, zu viel für die heile Welt auf *Instagram* war. Meine Wahrheit hatte keinen Platz im Internet, hier fand ich keinen Trost, wenn ich mich öffnete. Hier wendete man sich von mir ab, wenn mein Leben gerade nicht inspirierend genug war.

Ich starrte auf diese Nachricht und konnte mich einfach nicht mehr kontrollieren, mein Herz raste und ich fing unkontrolliert an zu schluchzen. Da Niklas mit den Kindern und unserem Besuch spazieren gegangen war, war ich allein mit einem Handwerker, der im Kinderzimmer verdunkelnde Vorhänge anbringen sollte, in der Wohnung geblieben. Ich musste sofort raus, doch ich konnte nicht einfach auf die Straße laufen, konnte mich nicht überwinden, an dem Handwerker vorbei ins Schlafzimmer zu laufen, konnte seine Fragen nicht beantworten, die er zwischendurch immer mal wieder stellte. Ich stand hektisch vom Esstisch auf, ließ den Mann ohne Bescheid zu sagen in der Wohnung zurück und flüchtete in den Garten. An die Hauswand gelehnt versteckte ich mich, um tief durchzuatmen und wieder klarzukommen. Einatmen, ausatmen. Einatmen, ausatmen. Doch das wahnsinnige Zittern und Schluchzen, das da in mir aufgezogen war, konnte ich nicht mehr aufhalten und es steigerte sich mit jedem Herzschlag.

Gerade als ich von Weinkrämpfen geschüttelt dastand und nach Luft rang, fand mich der Handwerker in meinem Versteck. Er war sichtlich überfordert mit der Situation und ging, ohne etwas zu sagen, einfach wieder rein. Da stand ich noch immer, konnte nicht aufhören zu weinen und wollte vor Scham im Erdboden versinken.

Steht der Typ noch um die Ecke und weiß nicht, was er tun soll? Muss ich noch irgendetwas unterschreiben? KANN ER NICHT EINFACH GEHEN?

Ich spürte, wie immer mehr Panik in mir aufstieg, weil ich die Situation nicht unter Kontrolle hatte. Als dann auch noch meine Hände anfingen zu kribbeln und schließlich taub wurden, wurde ich von meiner Panik komplett überrollt. Ich schaffte es gerade noch, Niklas' Nummer zu wählen, aber nicht mehr, mit ihm zu sprechen. Er hörte mich nur schluchzen und um Luft ringen und wusste sofort, dass etwas nicht stimmte. Ich hatte wahnsinniges

Glück, dass er nicht weit entfernt war. Nur wenige Sekunden später sah ich, wie er seinen Kopf durch die Hecke hinter unserer Gartenmauer streckte und es irgendwie schaffte, durch die Hecke und über die Mauer zu klettern und zu mir zu rennen. Mittlerweile war ich von der Hauswand auf den Boden gesackt. Ich konnte nicht mehr sprechen und hyperventilierte stark, während mir die Tränen die Wangen herunter strömten. Da saßen wir nun. Der Große war mit unseren Bekannten auf dem Spielplatz geblieben, unser schlafendes Baby wartete im Kinderwagen auf der anderen Seite der Gartenmauer und der Handwerker stand verunsichert von der Gesamtsituation in der Küche. Als sich mein Herzschlag wieder einigermaßen beruhigt hatte und ich wieder gleichmäßig atmen konnte, kletterte Niklas zuerst zurück zum Baby und ging dann mitsamt dem Kinderwagen den langen Weg um die Mauer zur Haustür, um die Angelegenheit mit dem Handwerker zu klären. Ich selbst legte mich, sobald die Luft rein war, ins Bett, sagte per *WhatsApp* meine Kooperation ab, die für den Tag anstand, und machte einfach nur noch die Augen zu.

Da war es also wieder, das tiefe Tal. Der tiefste Punkt, an den man gelangen muss, bevor der Aufstieg beginnen kann. Der Punkt, an dem einem klar wird: Genau hier und genau jetzt muss sich etwas ändern, sonst sind die Aussichten dunkel.

Noch am selben Abend tat ich etwas, das ich schon viel früher hätte machen sollen. Ich nahm das Angebot einer Freundin an, sie einfach mal anzurufen und ihr mein Herz auszuschütten. Obwohl wir uns noch nicht lange kannten und die Erfahrungen meiner Vergangenheit mich zu einem sehr vorsichtigen Menschen gemacht hatten, wollte ich an diesem Abend nichts sehnlicher, als einfach mal jemandem zu erzählen, womit Niklas und ich gerade kämpften. Ich wollte diese dunkle Wolke, die seit Jahren in Form von Verantwortung und Problemen sowie wahnsinnig hohen Schulden und Bürgschaften über uns schwebte, für jemand anderen sichtbar machen. Beim Erzählen fiel mir erst mal richtig auf, wie übel unsere ganze Situation gerade war und wie knapp wir immer wieder dem kompletten Desaster entkamen. Immer und immer wieder. Meine Freundin hörte zu und gab mir alles, was ich mir in dieser Situation hätte wünschen können: Verständnis für meine Verzweiflung und Frustration. Mitgefühl für all das, was mir in den vergangenen Jahren genommen worden war. Hilfsbereitschaft im Rahmen ihrer Möglichkeiten, die ich seither als Option wie einen Schatz aufbewahre. Dieses Hilfsangebot ist nicht nur eine Notlösung für ein Problem, sondern die Gewissheit, jemanden an meiner Seite zu haben, wenn es hart auf hart kommt.

Der Weg raus aus dem tiefen Tal

Das Telefonat mit meiner Freundin hatte mich in meiner Entscheidung bestärkt, mich anderen anzuvertrauen und mir Hilfe zu suchen.

Weil sich manche neuen Türen im Leben nur öffnen, wenn man wirklich bereit dafür ist, lernte Niklas wenige Zeit später im Rahmen seiner Selbstständigkeit eine Frau kennen, die sich auf Individuality Profiling spezialisiert hatte. Unsere Geschichte, die Niklas ihr erzählt hatte, fand sie so spannend, dass sie ihm ein Kennenlerngespräch mit uns beiden anbot, aus dem sich eine Zusammenarbeit entwickeln könnte, sollte die Chemie stimmen.

Ich war aufgeregt. Noch nie hatte ich eine Profilerin kennengelernt.

Was würde uns erwarten? Würde die Chemie stimmen?

Wir vereinbarten einen Videocall zum Kennenlernen. Unsere Eltern übernahmen die Kids, sodass wir uns komplett auf diesen Termin konzentrieren konnten.

Da saßen wir nun. Niklas und ich auf der einen Seite des Screens in Münster und die Frau, die mein Leben verändern würde, auf der anderen Seite des Screens in Hamburg. Wir sprachen gemeinsam, bis sie sich schließlich an Niklas wandte und sagte: „Und jetzt geh du mal raus, Niklas, ich möchte mit Joana allein sprechen."

Und während mir in diesem Moment mein Herz in die Hose rutschte, wusste ich:

Das ist sie. Meine neue Tür. Das ist der Beginn eines langen Aufstiegs aus einem tiefen, dunklen Tal.

EPILOG

Gegenwart

Wir haben den 28.08.2022. Heute ist mein 33. Geburtstag. Ich verbringe ihn dieses Jahr nicht wie sonst mit meiner Familie, sondern sitze mit Wind in den Haaren und einem Kaffee in der Hand allein am Ostseestrand. Hinter mir erstrecken sich kilometerlange Dünen mit hellem Sand und mintfarbenen Gräsern, mittendrin steht irgendwo mein Zelt. Ich schaue mich um und kann es gar nicht glauben. Dieser Ort sieht genauso aus wie das Foto, das ich vor Jahren auf mein Vision Board geklebt habe.

Ich bin tatsächlich hier.

Ich fühle mich so frei.

Ich bin so glücklich wie schon lange nicht mehr. Dieses Gefühl erfüllt mich mit einem solchen Glück, dass mir Tränen die Wange herunterlaufen und ich laut aufschluchzen muss.

Ich nehme ein Video für *Instagram* auf und versuche all das einzufangen, was ich gerade sehe und fühle. Ich möchte mein Glück in die Welt herausschreien. Möchte meine Community daran teilhaben lassen, weil es sich endlich wieder gut anfühlt, einen echten Moment aus meinem Leben zu zeigen. Einen

Videoschnipsel, bei dem ich nicht darauf achten muss, ob das Gesagte zu negativ rüberkommt, oder ob das Chaos im Hintergrund zu sehen ist. Ich verwende einen Filter, weil damit das Blau des Meeres so schön aussieht – und nicht, weil ich ihn brauche, um meine verweinten Augen zu kaschieren.

In den Monaten zwischen der Panikattacke in meinem Garten und diesem Moment in den Dünen ist so viel passiert. Ich habe mein Leben bis auf den letzten Winkel ausgeleuchtet und durch das Schreiben dieses Buches jede ungemütliche Wahrheit ans Licht geholt und verarbeitet. Ich habe meine Therapie wieder aufgenommen und mir zusätzlich jemanden gesucht, mit dem ich wöchentlich zwei Stunden an meinen Themen arbeite. Ich habe mein Leben, das wie ein falsch zusammengesetztes Puzzle vor mir lag, in tausend Teile zerlegt, jedes Puzzlestück in die Hand genommen, kleine Häufchen gemacht und mir einen Überblick verschafft.

Die Reise, auf der ich mich gerade befinde, ist für mich ein großer Schritt aus meiner Komfortzone heraus. Einer Komfortzone, die ich selbst definiert habe, um mir Sicherheit zu geben, die aber im Laufe der Zeit eher zu meinem eigenen Gefängnis wurde. Mit jedem Kilometer, den ich vor drei Tagen auf dem Weg hierher hinter mich gebracht habe, spürte ich tief in mir eine längst verloren geglaubte Abenteuerlust erwachen.

Ich bin gerade genau da, wo ich sein möchte.

Während ich ein kleines Mädchen dabei beobachte, wie es unermüdlich versucht, einen bunten Drachen in Form eines Schmetterlings in die Luft aufsteigen zu lassen, muss ich an all meine Geschichten denken. Wie oft dachte ich, dass mein Drache jetzt munter fliegen würde, nur um dabei zuzusehen, wie eine unerwartete Windböe ihn auf direktem Weg zurück auf den Boden zwang. Und genau wie das Mädchen habe auch ich bei jedem Absturz gelernt, wie es nicht geht und was ich besser machen muss. Das ist während des Versuchs nur schwer zu erkennen. Zunächst überwiegen die Enttäuschung über das Scheitern und die Hilflosigkeit. Doch im Nachhinein ergeben die meisten Dinge einen Sinn und wirken plötzlich etwas klarer und nicht mehr so aussichtslos.

Ich hätte schon gerne auf den ein oder anderen Absturz, auf die ein oder andere meiner Geschichten verzichtet, aber die Summe aller Erlebnisse und Begegnungen hat mich zu der Person gemacht, die ich jetzt bin.

Der Wind hat zugenommen. Ich schließe den Reißverschluss meiner Jacke und ziehe mir die Mütze weiter über meine Ohren. Ich habe keinen Plan für den Rest des Tages, also bleibe ich noch eine Weile und schaue dem Treiben am Strand zu.

Der Vater des Mädchens hat bis jetzt geduldig einige Meter entfernt im Sand gesessen und hat sein Kind erst mal ausprobieren lassen. Nun steht er auf und kniet sich neben seine Tochter. Die Frustration steht ihr ins Gesicht geschrieben und ich fühle mit ihr – so sehr. Er sagt etwas zu ihr, das ich nicht verstehen kann, und sie scheint neuen Mut zu fassen und steht wieder auf. Nachdem er ihr den Sand von der Jacke geklopft hat, geht er ein paar Schritte, um die Kordel des Drachens, den sie nach ihrem letzten Versuch wütend und achtlos in den Sand geworfen hat, wieder einzusammeln. Erneut kniet er sich vor sie und deutet in eine Richtung. Sie wechseln einen kurzen, wissenden Blick. Das Mädchen lächelt, nickt und läuft los. Er schreit gegen den Wind: „Schneller" und „Jaaaaa", bis der Drache aufsteigt. „Mehr Leine, mehr Leine", ruft er ihr hinterher und sie nickt eifrig, während sie immer weiter rennt und lacht. Sie hat es geschafft. Ein paarmal war es ganz schön knapp, aber jetzt segelt der Drache ruhig und sicher über mir im Wind.

Das ist es, was das Leben ausmacht, denke ich. Die Freiheit, Dinge auszuprobieren und in Kauf zu nehmen, dass es nicht oder nicht sofort funktioniert. Die Bereitschaft, sich helfen zu lassen, wenn man allein nicht weiterkommt. Der Mut, sein Ding durchzuziehen, auch wenn Menschen um einen herum sehen könnten, wie man scheitert. Die Momente zu genießen, in denen der Drache fliegt, statt es aus Angst, er könnte wieder herunterfallen, gar nicht mehr zu versuchen.

Mein Handy klingelt und reißt mich aus meinen Gedanken.

Ich nehme den Anruf an und auf dem Display erscheinen meine drei Lieblingsgesichter. „Herslichen Glückswunsch, Mamaaaaa", ruft mein Vierjähriger aufgeregt ins Telefon, als müsste er die Entfernung zwischen uns übertönen. Mein Herz macht einen kleinen Hüpfer – und so schön die vergangenen Tage ganz allein mit mir und dem Meer waren, so sehr wird mir in diesem Moment bewusst, wie sehr ich sie vermisse. Alle drei wuseln mit ihren Köpfen durcheinander, um sich die bestmögliche Sicht aufs Display zu erobern, und Niklas zieht mit einem leisen Plopp den Schnuller aus dem Mund des Zweijährigen, der mir daraufhin sein frechstes Lächeln schenkt.

„Wann kommst du wieder, Mama?", fragt der Große.

„Morgen, mein Schatz", sage ich liebevoll, „nur noch einmal schlafen." Aber schon während ich das sage, weiß ich, dass ich es keinen Tag länger aushalte ohne sie. So sehr freue ich mich darauf, meine Familie wieder in die Arme schließen zu können.

Ich lege auf, gehe auf direktem Weg zur Rezeption des Zeltplatzes und sage Bescheid, dass ich statt morgen früh schon heute Abend abreisen werde.

Was für ein schöner Tag, denke ich.
Mein schönster Geburtstag aller Zeiten.

Alleinreise an die
Ostsee, 2022

Empfehlungen

In den letzten drei Jahren habe ich viele Bücher gehört und gelesen, immer auf der Suche nach diesem einen Aha-Moment, der mir klar machen würde, was ich falsch mache und wie ich es ab jetzt besser machen kann. Spoiler: So ein Buch gibt es natürlich nicht. Aber ich habe meine Sichtweise auf all die Inhalte geändert, die ich konsumiere. Es muss nicht DAS EINE sein. Nichts muss perfekt zu mir oder meiner Situation passen – ich nehme mir einfach von allem nur das mit, was ich gebrauchen kann. Ich habe euch hier ein paar Bücher aufgelistet, aus denen ich etwas mitnehmen konnte. Einen Tipp, eine Idee, ein Gedankenexperiment.

Borghoff, K. (2020). *Hochsensibel Mama sein: Das Ressourcen-Buch.* Beltz.

Cammarata, P. (2020). *Raus aus der Mental Load-Falle: Wie gerechte Arbeitsteilung in der Familie gelingt.* Beltz.

Carnegie, D. (2011). *Wie man Freunde gewinnt: Das einzige Buch, das Sie brauchen, um beliebt und einflussreich zu sein.* Fischer Taschenbuch.

Chapman, G. (2003). *Die fünf Sprachen der Liebe: Wie Kommunikation in der Ehe gelingt.* Francke-Buchhandlung.

Engel, C. (2021). *Scheiß auf die Glücksfee! Ich mach das jetzt selbst:* Wie du dir mit dem Gesetz der Anziehung alles manifestierst, was du dir wünschst. mvg Verlag.

Gaskin, I. M. (2003). *Die selbstbestimmte Geburt:* Handbuch für werdende Eltern. Mit Erfahrungsberichten. Kösel-Verlag.

Haig, M. (2021). *Die Mitternachtsbibliothek.* Droemer/Knaur.

Hammer, M. (2015). *Der Feind in meinem Kopf:* Stopp den inneren Kritiker. Gräfe & Unzer.

Hohensee, T. (2020). *Gelassenheit beginnt im Kopf:* So entwickeln Sie einen entspannten Lebensstil. Droemer/Knaur.

Imlau, N. (2022). *Mein Familienkompass:* Was brauch' ich und was brauchst du? Ullstein Taschenbuch.

Kondo, M. (2013). *Magic Cleaning:* Wie richtiges Aufräumen Ihr Leben verändert. Rowohlt Taschenbuch.

Krömer, K. (2022). *Du darfst nicht alles glauben, was du denkst:* Meine Depression. Kiepenheuer & Witsch.

Kurcinka, S. M. (2019). *Wie anstrengende Kinder zu großartigen Erwachsenen werden:* Das praktische Arbeitsbuch. Mit zahlreichen Übungen, Checklisten und Denkimpulsen. mvg Verlag.

Kuschik, K. (2022). *50 Sätze, die das Leben leichter machen:* Ein Kompass für mehr innere Souveränität. Rowohlt Taschenbuch.

Mierau, S. (2019). *Mutter. Sein.: Von der Last eines Ideals und dem Glück des eigenen Wegs.* Beltz.

Pieper, J. (2020). *Der nächste beste Schritt.* Jule Pieper (Nova MD).

Reinwarth, A. (2018). *Das Leben ist zu kurz für später: Stell dir vor, du hast nur noch ein Jahr - ein Selbstversuch, der dein Leben verbessern wird.* mvg Verlag.

Schmidt, N. (2019). *Erziehen ohne Schimpfen: Alltagsstrategien für eine artgerechte Erziehung.* Gräfe & Unzer.

Stöger, G., Vogl, M. (2003). *Den eigenen Akku aufladen – Schnell zu neuer Energie und Lebenskraft.* Orell Füssli

Tempel, K. (2021). *Schenk dir das Leben, von dem du träumst.* Gräfe & Unzer.

Träder, R. (2020). *Das Leben so: nein! Ich so: doch!: Wie du besser mit Stress, Krisen und Schicksalsschlägen umgehst.* Ullstein Taschenbuch.

Wiest, B. (2022). *101 Essays, die dein Leben verändern werden.* Piper.

Quellen

die ärzte (2007): Himmelblau, genius, [online]
https://genius.com/Die-arzte-himmelblau-lyrics
[abgerufen am 26.09.2022].

Lavigne, Avril (2010): Alice, songtexte, [online]
https://www.songtexte.com/songtext/avril-lavigne/alice-
4be3d7fa.html [abgerufen am 26.09.2022].

MIA. (2004): Komm mein Mädchen, songtexte, [online]
https://www.songtexte.com/songtext/mia/komm-mein-
madchen-bda0d76.html [abgerufen am 26.09.2022].

MIA. (2006): Oder nicht oder doch, songtexte, [online]
https://www.songtexte.com/songtext/mia/oder-nicht-oder-
doch-demo-7bda1284.html [abgerufen am 26.09.2022].

MIA. (2012): Immer wieder, lyricstranslate, [online]
https://lyricstranslate.com/en/Mia-Immer-Wieder-lyrics.html
[abgerufen am 26.09.2022].

Vedder, Eddie (2007): Guaranteed, songtexte, [online]
https://www.songtexte.com/songtext/eddie-vedder/guaranteed-
33d3509d.html [abgerufen am 26.09.2022].

Heinen Lovebrands GmbH
www.heinenlovebrands.com
www.heinenlovebrands-shop.com

Odernichtoderdoch
www.odernichtoderdoch.de

Jo & Judy
www.joandjudy.de

Spotify-Playlist zum Buch